O CONTRATO
DE
LOCAÇÃO FINANCEIRA

SEBASTIÃO NÓBREGA PIZARRO

Advogado

O CONTRATO DE LOCAÇÃO FINANCEIRA

ALMEDINA

TÍTULO:	O CONTRATO DE LOCAÇÃO FINANCEIRA
AUTOR:	SEBASTIÃO NÓBREGA PIZARRO
EDITOR:	LIVRARIA ALMEDINA – COIMBRA www.almedina.net
LIVRARIAS:	LIVRARIA ALMEDINA ARCO DE ALMEDINA, 15 TELEF.239 851900 FAX. 239 851901 3004-509 COIMBRA – PORTUGAL livraria@almedina.net LIVRARIA ALMEDINA ARRÁBIDA SHOPPING, LOJA 158 PRACETA HENRIQUE MOREIRA AFURADA 4400-475 V. N. GAIA – PORTUGAL arrabida@almedina.net LIVRARIA ALMEDINA – PORTO R. DE CEUTA, 79 TELEF. 22 2059773 FAX. 22 2039497 4050-191 PORTO – PORTUGAL porto@almedina.net EDIÇÕES GLOBO, LDA. RUA S. FILIPE NERY, 37-A (AO RATO) TELEF. 21 3857619 FAX: 21 3844661 1250-225 LISBOA – PORTUGAL globo@almedina.net LIVRARIA ALMEDINA ATRIUM SALDANHA LOJAS 71 A 74 PRAÇA DUQUE DE SALDANHA, 1 TELEF. 21 3712690 atrium@almedina.net LIVRARIA ALMEDINA – BRAGA CAMPUS DE GUALTAR UNIVERSIDADE DO MINHO 4700-320 BRAGA TELEF. 253 678 822 braga@almedina.net
EXECUÇÃO GRÁFICA:	G.C. – GRÁFICA DE COIMBRA, LDA. PALHEIRA – ASSAFARGE 3001-453 COIMBRA Email: producao@graficadecoimbra.pt JUNHO, 2004
DEPÓSITO LEGAL:	213323/04

Toda a reprodução desta obra, por fotocópia ou outro qualquer processo, sem prévia autorização escrita do Editor, é ilícita e passível de procedimento judicial contra o infractor.

Ao meu filho Sebastião Maria

I
INTRODUÇÃO

Com este trabalho pretendemos contribuir para o alargamento dos conhecimentos sobre a locação financeira – leasing –, entendida quer na perspectiva empresarial, como instrumento potenciador da redução de custos operacionais e consequente libertação de liquidez, quer na perspectiva jurídica, procurando aperfeiçoar a sua conceptualização.

Nesta última vertente, apoiamo-nos exaustivamente na jurisprudência nacional, cujo desempenho tem sido essencial tanto no que à definição da figura diz respeito, como no que foi determinante suprir, por omissão do legislador.

Como entendemos que este tipo de trabalho deverá conter todos os elementos que propiciem uma fácil consulta e em consequência um melhor entendimento dos conceitos nele dispendidos, achamos por bem introduzir em anexo os diplomas legislativos relevantes, assim como as minutas dos tipos contratuais nele mencionados.

O mesmo se fez, relativamente à providência cautelar específica do contrato de locação financeira.

II
PERSPECTIVA HISTÓRICA

Não podemos dizer que a locação financeira, ou leasing [1], possui uma origem historicamente exacta. Sendo certo que algumas das suas características se encontram já em tempos bem remotos, a verdade é que o leasing, tal como é hoje conhecido e praticado, é muito diferente das figuras que o antecederam.

El Mokhtar Bey [2] reconheceu algumas formas, ainda que rudimentares, de leasing na Babilónia, onde o Código de Hamourabi regulamentava as relações entre credores e devedores, estipulando que estes últimos, quando atingido o estado de insolvência, vendiam o seu potencial de trabalho aos seus credores.

Philippe Karelle [3] afirma que "os Sumérios, 2000 anos antes de Cristo, praticavam certas formas de locação destinadas a uso comercial, sendo que as primeiras menções escritas, datadas do século XVIII a.c., são em caracteres cuneiformes, encontrando-se no Código de Hamourabi, fundador do primeiro Império da Babilónia" [4].

Na Grécia Antiga, Aristóteles, na sua obra "Política", descreve uma forma mais elaborada de leasing: "Antevendo um ano próspero para as oliveiras, aproveitou as circunstâncias para para provar o contrário do

---

[1] Leasing – Palavra de origem inglesa, derivada do verbo *to lease*, que significa alugar ou arrendar.

[2] "De la symbiotique dans le leasing et le crédit bail mobiliers" Dalloz, 1979.

[3] "Le leasing immobilier", Revue de la Faculté de Droit de Liége, n.º 4, 1996.

[4] Tradução do Autor.

que diziam. Às vésperas das colheitas, comprou todas as prensas que haviam em Mileto e Quio, alugando-as, posteriormente aos produtores de azeite, obtendo um grande lucro".

O mesmo terá acontecido nas minas de ouro e prata de Thaos e Laurium, onde um certo valor em dinheiro era pago ao Estado como garantia de exploração, incidindo uma renda anual sobre uma percentagem dos lucros.

Ao tempo dos Romanos, alguns contratos continham elementos aparentados com a actual noção de leasing, dissociando o domínio / propriedade e a posse. Assim acontecia com a locação [5], o comodato [6], o depósito [7] e a compra e venda com reserva de domínio [8].

Philippe Karelle [9], enuncia a existência, no período medieval, de um tipo de leasing que incidia sobre as terras e os castelos dos ingleses. De acordo com este autor "o leasing de terras e castelos foi utilizado como meio de transferir a propriedade com a intenção de extorquir os credores que se fiavam na aparência da fortuna imobiliária dos seus devedores" [10].

Todas estas figuras, que já evidenciavam a dicotomia posse / domínio ou propriedade / uso, estavam, como referimos, ainda bastante afastadas do conceito actual de leasing.

A Idade Moderna assistiu ao aproximar da conceptualização actual do leasing, que começou a ser implementado nos E. U. A., a partir de Baltimore e Filadélfia, através de colonos ingleses.

Em 1877 [11], a Bell Thelephone Company levou a cabo um sistema, em larga escala, de locação de telefones, sendo posteriormente seguida pela United Shoe Machinery Co. e pela International Business Machinery Co. (IBM). Alguns anos mais tarde, em 1936, surgiu a primeira operação de

---

[5] "locatio conductio".
[6] "commodatum".
[7] "depositum".
[8] "emptio venditio cum pacto reservati dominii".
[9] ob. citada.
[10] Tradução do autor.
[11] Philippe Karelle, ob. citada.

sale and lease back[12] através da Safeway Stores Inc.[13], secundada em 1945 por uma outra levada acabo pela Allied Stores Corporation[14].

A generalidade dos autores apontam o *Lend and Lease Act*, publicado nos E. U. A. em Março de 1941, como um marco fundamental na evolução do conceito de leasing.

Através deste diploma, os E. U. A. pretendiam desenvolver uma política de empréstimos de material militar, destinado a apoiar os europeus na sua luta contra a Alemanha. Para além dos aspectos claramente políticos desta iniciativa, tratava-se basicamente de um empréstimo de material bélico, com opção de compra e eventual atribuição de indemnização ao proprietário, em caso de desaparecimento ou destruição.

Nestas operações, não existia a intervenção de qualquer entidade financeira, sendo os próprios fabricantes dos bens que procediam à sua locação.

O empreendimento de D.P. Boothe Junior, proprietário de uma fábrica de produtos alimentares, é também apontado como um facto relevante para o desenvolvimento do leasing. Em 1952, estando perante importantes encomendas e não tendo meios financeiros para investir em melhores equipamentos, Boothe Junior celebrou contratos de locação que lhe permitiram ter acesso aos materiais necessários. Para além de satisfazer as encomendas e do consequente sucesso financeiro, Boothe Junior decidiu dedicar-se à locação de bens de produção, criando a US Leasing e a Boothe Leasing Corporation, cujo capital, em apenas dez anos, subiu de vinte mil para oito milhões de dólares.

Refira-se ainda, o aparecimento, em 1954, do *The Lease and Purchase Act*, que veio regulamentar a renovação dos equipamentos e edifícios dos Correios e Telégrafos norte americanos, através de operações negociais muito semelhantes ao leasing.

---

[12] Denominada em Portugal como locação restitutiva, e também "lease back"como adiante veremos.

[13] Esta cadeia de supermercados vendeu um dos seus imóveis a um grupo de investidores, que, ao mesmo tempo, o cederam em leasing.

[14] A Allied Stores Corporation procedeu à venda do seu património imobiliário a uma fundação universitária, tendo-o tomado em regime de locação, por um período de 30 anos.

Estas iniciativas legislativas, associadas a uma conjuntura económica favorável e ao apoio estatal, contribuiram para o desenvolvimento do leasing, como instrumento de crédito, a médio prazo, essencial, com várias vantagens para o mundo empresarial, de entre as quais se destacava a possibilidade de, através de um processo simples, se poderem substituir equipamentos que devido às permanentes inovações tecnológicas, rapidamente se tornavam obsolescentes.

Em 1962, encontravam – registadas nos E. U. A., cerca de 800 sociedades de leasing em actividade, com um volume de negócios muito elevado.

Naturalmente, as maiores empresas americanas foram-se expandindo para a Europa, criando delegações, associando-se a instituições financeiras e a empresas congéneres.

III

A EVOLUÇÃO INTERNACIONAL DESTA FIGURA

Neste capítulo, propomo-nos analisar, de forma sucinta, a evolução do leasing na Europa.

Na fase de aparecimento do leasing, bastante desenvolvido nos E.U.A., os países europeus opuseram alguma resistência a esta nova forma de financiamento.

Todavia, a necessidade crescente de expansão das empresas europeias que concorriam no mercado mundial e a consciencialização de que a capacidade de inovação tecnológica europeia não era suficiente, não podendo competir com a de outros países, como o Japão, constituíram factores que influenciaram, de forma decisiva, a implementação e desenvolvimento do leasing na Europa.

a) França

A expressão mais usual para designar o leasing é *crédit-bail* sendo utilizadas outras como *location vente*[15].

Seguindo El Mokhtar Bey[16], em França, "o leasing, na sua concepção moderna, data de 1957, com a crição, por iniciativa do Banco da Indochi-

---

[15] E ainda location-financement, location d'exploitation, location operationnelle e cesion-bail, correspondendo, esta última à locação restitutiva ou lease back.

[16] Ob. citada.

na e da Société d' Étude et de Participation Financiére et Technique (SEDAFITEC), cujo objecto era, entre outros, a realização de algumas operações de locação de materiais industriais" [17].

Não constituindo de início, uma figura negocial muito interessante para o meio empresarial francês, o leasing foi-se implementando em função da própria novidade que constituía e do seu reconhecido sucesso nos E.U.A. [18].

A Locafrance, formada por entidades bancárias e empresas de seguros, surgiu em 1962, foi a primeira grande empresa de leasing francesa, apesar de apenas praticar o leasing mobiliário.

A partir de 1967 assistiu-se á difusão do leasing imobiliário, através da criação das SDR, Sociétés de Développément Régional. Simultaneamente o Estado passou a utilizar esta figura como meio de financiamento de grandes empreendimentos públicos.

De entre os diplomas legislativos mais importantes, salientam alguns autores [19] a Lei 66-455 de 2 de Junho de 1966, que veio definir as operações de leasing enquadradas no regime geral do crédito, o Decreto 67-837 de 28 de Setembro de 1967 que regulamentou a Lei anteriormente referida e, por fim, o Decreto 72-665 de 4 de Julho de 1972, que normatizou a publicidade das operações de leasing mobiliário e imobiliário.

b) **Espanha**

No país vizinho, o leasing é usualmente denominado *arrendiamento financiero* [20].

O leasing em Espanha, iniciou o seu maior desenvolvimento em 1962, tendo surgido, desde logo, duas sociedades dedicadas a este ramo – a Alquiber e a Alequisa.

Em poucos anos e à semelhança do que sucedeu noutros países, o leasing passou a ser considerado como uma importante fonte de financia-

---

[17] Tradução do autor.

[18] B. Méra, "Le leasing en France", Travaux de l' Association Internationale du Droit Commerciale et du Droit des Affaires, Sirey,1967.

[19] Entre os quais J. Coillot, "Initiation au leasing ou crédit-bail", trad. Espanhola, Mapfrè.

[20] Por vezes, também, préstamo – arriendo ou préstamo – locativo.

mento, razão porque grandes empresas foram aparecendo, associadas a empresas estrangeiras ou a instituições financeiras nacionais e internacionais [21].

Entre os diplomas legislativos relevantes, encontramos o Real Decreto-Ley 15/77 de 23 de Fevereiro, cujo artigo 9.º define as operações de leasing, como aquelas que consistem no arrendamento de bens de equipamento, capital produtivo e veículos, adquiridos exclusivamente para a dita finalidade, executadas por empresas constituídas de acordo com as normas previstas no próprio Decreto. A opção de compra a favor do usuário é imposta por este diploma.

De acordo com o artigo 20.º , os bens sujeitos a operações de leasing terão de ser afectados, exclusivamente, a fins agrícolas, industriais, comerciais, de serviços ou profissionais.

O Real Decreto-Ley 26/88 de 29 de Julho, sobre "Disciplina e Intervenção das Entidades de Crédito", na sua "Disposição Adicional Sétima" define o conceito de contrato de leasing, assim como estipula e regulamenta as actividades das Sociedades que a este ramo se dedicam [22].

Por fim, a Ley 43/1995, referente ao Imposto sobre as Sociedades, vem no artigo 128.º do Capítulo XIII dispôr que os contratos de leasing mobiliário terão uma duração mínima de dois anos e os que tenham por objecto bens imóveis não poderão ultrapassar os 10 anos.

c) Alemanha

É comum entender-se que o leasing deu os primeiros passos na Alemanha, após a fim da II Guerra Mundial, cerca de 1950.

Considerado como *Finanzierungs – Leasing* ou *Operate – Leasing – Vertrage* [23] quando se trata de aluguer operacional [24], o leasing foi impulsionado pelo Dresdner Bank que organizou a primeira empresa especializada na área.

---

[21] Entre umas e outras refira-se a Tecnileasing AS.,a Transleasing, a Compãnia Internacional de Financiacón e a Iberleasing.

[22] Art. n.º 8 da "Disposição Adicional Sétima".

[23] Ou ainda como "mietfinanzierung".

[24] Ou "renting", que posteriormente abordaremos.

Em 1969, a Volkswagen Leasing G.m.b.H. foi a primeira empresa alemã de aluguer operacional, tal como o concebemos hoje, tendo desenvolvido para as empresas uma forma de manter e garantir, através de contratos anuais, o funcionamento das suas frotas automóveis.

Desde essa data, proliferaram as empresas dedicadas a este ramo, como a supra citada, a Miet Finanz G.m.b.H. e a Deutsche Leasing G.m.b.H., entre outras.

d) Itália

Neste país o leasing é conhecido como *locazione finanziaria* ou como *leasing finanziario*[25].

Com um desenvolvimento semelhante ao que se verificou um pouco por toda a Europa, as primeiras práticas relacionadas com este instituto remontam aos anos 60.

Cerca de 1963, verifica-se a fundação das primeiras empresas especializadas, como a Locatrice Italiana Spa e a Società d' Affari Mobiliare Spa. A constituição, em 1965, da Società per la Locazione di Attrezature, sediada em Turim, pelo facto de conter a ligação a instituições financeiras[26], veio a revelar-se um marco importante para a evolução do leasing no espaço italiano.

Sem regulamentação específica durante alguns anos, como aconteceu nos restantes países, consideravam alguns autores que o leasing era disciplinado a partir do artigo 1523.º do Código Civil Italiano, sob a epígrafe "Venda com reserva de propriedade".

O aparecimento da Lei 183 / 76 veio diferenciar[27] a operação de leasing de outras formas de locação, através da consagração da opção de aquisição final do bem, a favor do seu utilizador.

Assinale-se, por fim, a Resolução 175/E de Agosto de 2003 que define e regulamenta as operações de locação financeira.

---

[25] Com a mesma finalidade também são usadas expressões como "prestito locativo" ou "finanziamento di locazione".

[26] Como a Cassa di Risparmio e o Instituto Bancário San Paolo.

[27] Artigo 17.º do diploma.

e) **Inglaterra**

Pelas razões anteriormente expostas a Inglaterra recebeu mais cedo e com mais intensidade, as influências e as iniciativas dos E. U A..

Terá assim sido o primeiro país europeu a utilizar o leasing em escala alargada [28].

Alguns autores [29] defendem que formas muito próximas do leasing actual, já existiam nos finais do século XIX. Tratava-se do *hire – purchase*, ou locação compra, utilizado quer por empresas, quer por particulares [30]. Na verdade, este sistema pouco se diferenciava da compra e venda a prestações, isto é, no fim do pagamento de todas as prestações o bem pertencia ao locatário.

Mais tarde, veio a desenvolver-se o *hire – purchase finance*, onde cabia ao locatário a possibilidade de exercer a opção de compra. Na base deste desenvolvimento estiveram dois diplomas legais importantes: O Hire Purchase Act, publicado em 1965 e o Advertisements Hire Purchase Act, datado de 1969.

Foi o *hire – purchase finance* que se transformou na actual forma de leasing, da qual, aliás, já continha vários elementos.

O sistema jurídico inglês veio a definir outras figuras próximas do leasing [31].

A Mercantile Credit Company Ltd. E a Equipment Leasing Company, são, a par com outras empresas multinacionais, exemplos de grandes sociedades de leasing inglesas.

---

[28] Já em 1960 funcionava em pleno, neste país, uma filial da US Leasing Corporation.

[29] Serge Rolin, "Le leasing, nouvelle téchnique de financement", Gerard & Co.,1970.

[30] Que através deste regime utilizavam máquinas de costura Singer.

[31] Como, entre outros, o "outright purchase" e a "secured loan" (compra e venda com fundos próprios ou através de mútuo garantido), a "credit sale" (compra financiada pelo vendedor), a "conditional sale" (venda sujeita à condição do pagamento da totalidade do preço) e o "operating lease" (locação a médio prazo, resolúvel por vontade do locatário), conforme refere Diogo Leite Campos, "A locação financeira", Lex, 1994.

IV

A LOCAÇÃO FINANCEIRA
EM PORTUGAL

Neste capítulo apenas abordaremos, de forma sucinta, a evolução histórica da Locação Financeira em Portugal, remetendo outros aspectos relevantes para momento posterior.

Curiosamente, ao contrário do que aconteceu noutros países, a prática da locação financeira foi antecedida pela publicação dos primeiros diplomas que a regulamentaram e definiam o seu enquadramento legal [32].

Alguns autores consideram que o leasing seria esporadicamente praticado, antes do aparecimento dos citados diplomas, sob a forma de um contrato inominado. Na verdade, as primeiras empresas de leasing surgiram em 1981 e 1982 [33]. A partir desta data, foram surgindo novas empresas geralmente associadas a instituições financeiras, cuja oferta de produtos financeiros se enriqueceu com a locação financeira e as suas variantes.

Diga-se que o legislador, em Portugal, adoptou, na fase inicial da regulamentação deste instituto a forma do *"financial leasing"*, onde sobressai o carácter financeiro da operação, limitando-se a entidade loca-

---

[32] Decreto Lei 135/79 de 18 de Maio e Decreto Lei 171 / 79 de 6 de Junho.

[33] De acordo com o Banco de Portugal – com acesso em www.bportugal.pt –, a Woodchester Leasing SA (actualmente GE Capital Woodchester SA) iniciou a sua actividade em 1981, e em 1982 surgiram a Locapor – Companhia Portuguesa de Locação Financeira Mobiliária SA, o BPI Leasing – Sociedade de Locação Financeira SA e a Imoleasing – Sociedade de Locação Financeira Imobiliária SA.

dora a adquirir o bem indicado pelo futuro locatário, não prestando qualquer tipo de serviços complementares relativos à sua utilização, sendo todas as despesas ocasionadas pelo uso do bem da exclusiva responsabilidade do seu utente. O valor residual, de cujo pagamento depende o exercício da opção de compra, acrescido das rendas estipuladas, correspondem à integral amortização do valor dispendido pela locadora na aquisição do bem.

A vida económico-financeira nacional foi sofrendo acentuadas oscilações, tendo o aparecimento das sociedades parabancárias [34], facilitado o desenvolvimento da locação financeira, entendida como instrumento de apoio ao investimento produtivo.

À época, finais da década de 80, a carga fiscal que incidia sobre as empresas, as dificuldades na obtenção de crédito e as taxas de juro praticadas, condicionaram positivamente a evolução do leasing, como forma de aquisição de bens de equipamento ou de investimento [35]. Não deixa de ser tentador, apesar da sociedade locadora manter a propriedade do bem, adquirir equipamentos, integralmente financiados por capitais alheios, sem necessidade de disponibilizar os capitais próprios da empresa, o que constitui uma característica específica das restantes modalidades tradicionais de financiamento.

Este novo instrumento jurídico tem vindo a revelar uma crescente aceitação.

Acompanhando as tendências nacionais e internacionais de abrandamento e de quebra de confiança nos agentes económicos, as Sociedades de Locação Financeira nacionais têm sofrido algumas retracções nos seus resultados. Ainda assim, existem vinte Sociedades registadas no Banco de Portugal.

---

[34] Forma que revestiam as Sociedades de Locação Financeira, nos termos do Decreto Lei 103/86 de 19 de Maio, posteriormente revogado pelo Decreto Lei 72/95 de 15 de Abril.

[35] Entendidos como os necessários ao desenvolvimento da actividade de uma empresa do sector terciário da actividade económica, isto é, aqueles que se destinam à actividade produtiva. Neste sentido Acórdãos do STJ de 16 /12 / 99 e 18 / 02 / 03, com acesso em www. dgsi.pt.

Sendo empresas muito sensíveis à evolução da conjuntura, poderá dizer-se que têm mantido uma razoável vitalidade[36], em grande parte devido às empresas de média e pequena dimensão que, desta forma, possuem um método simples e rápido de financiar o seu investimento. Assim, enquanto em 2000 e 2001 se assistiu a um forte crescimento desta actividade, com um valor de volume de negócios na ordem dos 4 milhões de euros, em 2002 pouco ultrapassou os 3 milhões[37].

O enquadramento legal desta actividade sofreu, como adiante veremos, fortes alterações, alargando o âmbito operacional das Sociedades de Locação Financeira, permitindo –lhes, entre outras, a possibilidade de celebrarem contratos de aluguer operacional[38].

Enfim, a Locação Financeira em Portugal tem apresentado, apesar de se verificarem alguns períodos de estagnação, uma evolução positiva, com aumentos das taxas de crescimento do crédito concedido.

---

[36] Segundo dados da UE referentes a 2002, 47% das PME – pequenas e médias empresas – recorriam à locação financeira como forma normal de financiamento, contra 39% da média comunitária.

[37] Dados fornecidos pela Associação Portuguesa de Empresas de Leasing, com acesso em www.apelease.com.

[38] Como adiante veremos, em capítulo próprio.

V

AS SOCIEDADES
DE LOCAÇÃO FINANCEIRA

As Sociedades de Locação Financeira são instituições de crédito que têm por objecto principal o exercício da actividade de locação financeira. É assim que o artigo 1.º do Decreto Lei 72/95 de 15 de Abril [39] – Regime Jurídico das Sociedades de Locação Financeira – define o objecto destas sociedades.

Juntamente com as SFAC – Sociedades Financeiras para Aquisição de Crédito [40], ambas consideradas Instituições Financeiras não Monetá-

---

[39] Junto em anexo.

[40] As SFAC são instituições de crédito criadas em 1989, de acordo com a ASFAC – Associação das Sociedades Financeiras para Aquisições a Crédito (com acesso em www.asfac.pt).

Estas sociedades celebram contratos de crédito, financiando bens ou serviços, quer aos fornecedores, quer aos adquirentes. São verdadeiros intermediários financeiros, entre uns e outros.

A sua actividade é regulamentada pelos DL 298/92 de 31 de Dezembro e DL 206/95 de 14 de Agosto. Tendo de revestir a forma de sociedade anónima, estas sociedades celebram contratos de mútuo, regulados nos termos dos artigos 1145.º e ss. do Código Civil, com uma duração entre 12 e 60 meses, podendo incidir, no caso de veículos e outros bens, em produtos novos ou usados. Em geral, este crédito é garantido por aval, hipoteca ou fiança.

Alinhando-se como um produto financeiro com algumas semelhanças relativamente à locação financeira ou ao aluguer de longa duração (ALD), não é raro encontrar empresas que dominam uma SFAC e uma Sociedade de Locação Financeira.

rias (IFNM), de acordo com o Banco de Portugal[41], constituem dois importantes pilares da concessão de crédito em Portugal.

Ao contrário do que se encontrava estatuído no diploma anterior[42], entendeu o legislador, por pressão das próprias Sociedades, pelo forte impulso que a locação financeira vinha a registar e à semelhança do que vinha acontecendo nos restantes países europeus, alargar o objecto destas sociedades, permitindo-lhes o exercício da locação operacional[43], denominando-a de "locação simples de bens móveis"[44].

Todavia, veio, também no seguimento do que acontece nos restantes países europeus, vedar às Sociedades de Locação Financeira a possibilidade de prestarem serviços complementares da actividade da locação operacional – manutenção, assistência e outros -, sendo permitida a contratação de uma terceira entidade para os prestar, ou, citando o Preâmbulo do Decreto Lei 285/01 de 3 de Novembro, deverão "tais serviços ser praticados em regime de outsourcing"[45].

Dentro do espírito de alargamento supra mencionado, o Decreto Lei 72/95 deixou de conter a exclusividade do objecto das operações de cada sociedade. Na verdade, o Decreto Lei 103/86 de 19 de Maio[46], revogado pelo Decreto Lei 72/95, proibia que a mesma instituição incluísse no seu objecto, simultaneamente, a prática de operações de locação financeira mobiliária e imobiliária, o que significava a existência de Sociedades de Locação Financeira Mobiliária e Sociedades de Locação Financeira Imobiliária.

De forma a potenciar estratégias de mercado, garantindo o seu desenvolvimento, veio a permitir-se a livre possibilidade das entidades habilitadas a exercer a actividade de locação financeira constituirem consórcios para a realização das suas operações.

---

[41] Boletim Estatístico do Banco de Portugal, Março de 2004, com acesso em www.bportugal.pt.

[42] Decreto Lei 103/86 de 19 de Maio.

[43] Também denominada aluguer operacional ou *renting*, que adiante abordaremos.

[44] Cfr. Preâmbulo do Decreto Lei 285/01 de 3 de Novembro que aditou o artigo 1.º -A ao Decreto Lei 72/95.

[45] Que significa contratação externa de serviços.

[46] E o diploma anterior, o Decreto Lei 135/79 de 18 de Maio.

O Contrato de Locação Financeira

As Sociedades de Locação Financeira estão ainda sujeitas ao Decreto Lei 298 /92 de 31 de Dezembro, denominado Regime Geral das Instituições de Crédito e Sociedades Financeiras. Este diploma, alvo de várias alterações, veio a considerar estas sociedades como instituições de crédito [47], deixando assim de pertencer ao quadro das instituições parabancárias, como previa o revogado Decreto Lei 103/86. Esta alteração, assim como outras foram introduzidas pelo Decreto Lei 201/2002 de 26 de Setembro. Foi alargada aos bancos a possibilidade de exercerem, no quadro das operações de crédito, a locação financeira e a locação de bens móveis [48].

Refira-se que as Sociedades de Locação Financeira têm de revestir a forma de sociedade anónima [49], dependendo a sua constituição de autorização do Banco de Portugal [50]. Por outro lado, o exercício da sua actividade carece de registo no Banco de Portugal [51].

Acompanhando este diploma, cuja totalidade das normas aplicáveis nos abstemos de referir, remetendo para a sua consulta, salientamos o reforço da supervisão e controlo sobre todas as entidades por ele reguladas, pelo Banco de Portugal [52] e pelo Ministério das Finanças, que fixa por Portaria o capital social mínimo das instituições de crédito, assim como os limites mínimos das reservas legais, regulando a solvabilidade e liquidez destas instituições [53].

O capital social mínimo das Sociedades de Locação Financeira, foi fixado em 10 milhões de euros [54].

---

[47] Cfr. Artigo 3.º , al. f).
[48] Cfr. Artigo 4.º , als. b) e q).
[49] Cfr. Artigo 14.º , n.º 1, al.b).
[50] Cfr. Artigo 16.º , n.º 1.
[51] Cfr. Artigo 65.º , n.º 1.
[52] Cfr. Artigo 92.º .
[53] Cfr. Artigos 95.º e 97.º .
[54] De acordo com a Portaria 1403/2002 de 17 de Setembro, com acesso em www.dgsi.pt.

Diga-se que este reforço de supervisão e controlo exercido pelo Banco de Portugal manifesta-se também, na defesa do respeito pelas instituições financeiras por uma gestão "sã e prudente"[55].

Ainda no mesmo sentido, verificamos a obrigatoriedade de registo no Banco central, dos membros dos órgãos sociais – de administração e fiscalização – destas instituições [56].

---

[55] Cfr. Artigos 116.º e 118.º .
[56] Cfr. Artigo 69.º .

VI

NOÇÃO DE CONTRATO
DE LOCAÇÃO FINANCEIRA – LEASING [57]

Por locação financeira, ou leasing, entende-se a operação de financiamento pela qual uma determinada entidade – a locadora [58] – cede ao locatário, por um prazo de tempo determinado e em troca do pagamento de rendas periódicas, o direito de utilização de um bem. É dada ao locatário a possibilidade de compra desse mesmo bem, no final do contrato, mediante o pagamento de um valor residual [59].

Esta noção, já subentendida do que para trás deixamos referido, é unanimemente aceite pela doutrina e jurisprudência, reflectindo-se na legislação.

Roberto Ruozi [60] enumera os elementos que integram o conceito de locação financeira: a) operação de financiamento a médio ou a longo prazo; b) locação de bens móveis ou imóveis; c) participação de um intermediário financeiro; d) aquisição junto ao produtor e cessão ao locatário; e) retenção do direito de propriedade pelo locador; f) obrigação do locatário de pagar ao intermediário financeiro prestações periódicas relativas ao valor global; g) valor global pago pelo locatário superior ao custo dos bens; e h) possibilidade de transferência onerosa do domínio dos bens ao final do contrato.

---

[57] Temos utilizado as duas expressões de forma indiscriminada.

[58] Ou "leaser".

[59] Que adiante abordaremos.

[60] "Il leasing", Giuffrè, Milão, 1967.

Este contrato poderá ser definido como "o contrato a médio ou a longo prazo dirigido a financiar alguém, não através da prestação de uma quantia em dinheiro, mas através do uso de um bem. Proporciona-se ao locatário não tanto a propriedade de determinados bens, mas a sua posse e utilização para certos fins" [61].

Ou como "o contrato pelo qual uma das partes se obriga, contra retribuição, a conceder à outra o gozo temporário de uma coisa, adquirida ou construída por indicação desta, e que a mesma pode comprar total ou parcialmente num prazo convencionado, mediante o pagamento de um preço determinado ou determinável, nos termos do próprio contrato" [62].

Ou ainda, como a "a locação a médio ou longo prazo de bens de equipamento, com opção de compra pelo utilizador; os bens são escolhidos e comprados a seu pedido, após compromisso firme da sua parte, pela Sociedade de leasing (locador)" [63] [64].

O Decreto Lei 149/ 95 de 24 de Junho [65], define, no seu artigo 1.º este contrato como aquele "pelo qual uma das partes se obriga, mediante retribuição, a ceder à outra o gozo temporário de uma coisa, móvel ou imóvel, adquirida ou construída por indicação desta, e que o locatário poderá comprar, decorrido o período acordado, por um preço nele determinado ou determinável mediante simples aplicação dos critérios nele fixados".

---

[61] Diogo Leite Campos, "Ensaio de Análise Tipológica do Contrato de Locação Financeira", Bol. Fac. de Direito, Vol. XXIII.

[62] Manuel Afonso Vaz, "Direito Económico", 1984, citado no "Dicionário de conceitos e princípios jurídicos" de J. Melo Franco e Herlander Martins, Almedina, 1988.

[63] "Direito Bancário", Alberto Luís, pág. 86.

[64] A Directriz Contabilística n.º 25, define a locação financeira como a locação em que, em substância, o locador transfere para o locatário todos os riscos e vantagens inerentes à detenção de um dado activo, independentemente do título de propriedade vir ou não vir a ser transferido. Esta Directriz veio complementar o POC – Plano Oficial de Contabilidade – esclarecendo o sentido a atribuir à expressão locação financeira. A ela estão sujeitas todas as operações de locação, bastando para isso, que qualquer dos intervenientes no contrato – locador/locatário – estejam abrangidos pelas normas de contabilidade previstas no POC.

[65] Junto em anexo.

Em termos jurisprudenciais atente-se na contribuição dada pelo Ac. do STJ de 7 de Março de 1991 [66] que enquadra a locação financeira e o seu interesse económico: "A moderna empresa tem necessidade frequente de utilizar seus bens de equipamento já que eles, a curto prazo, oferecem sinais de cansaço e não apresentam toda a gama de novas vantagens e a eliminação de defeitos que o novo artigo apresenta. Esta vertiginosa sucessão de coisas cada vez mais sofisticadas e cada vez mais caras coloca o empresário mediano, pouco capitalizado (como sucede à maioria das nossas empresas) perante um dilema: ou ele não moderniza o seu parque de bens de equipamento e é ultrapassado pela concorrência ou imobiliza largos capitais na aquisição – com todos os inconvenientes daí decorrentes. Justamente para obviar a esta dificuldade foi que surgiu a nova figura do contrato de locação financeira, na sua espécie mobiliária, como solução moderna, adequada à solução do problema da actualização do equipamento produtivo sem necessidade de dispender vultuosas quantias em dinheiro para tal fim, com insuportável frequência".

Mais recentemente, um outro Acórdão [67] clarifica a posição dos nossos Tribunais: "Quando alguém pretenda adquirir a disponibilidade sobre determinado bem de equipamento ou de consumo duradouro ou, pelo menos, usá-lo durante o período mais relevante do seu funcionamento, mas não queira ou não possa pagá-lo a pronto, pode obtê-lo de instituições financeiras que para o efeito surgem no mercado na dupla posição de vendedoras e de financiadoras.

É esta realidade que está na origem dos chamados contratos de locação financeira, especialmente regulados na lei, os quais, versando sobre coisas móveis, como é o caso vertente, a sua duração corresponde ao período presumível da sua utilização económica.

Trata-se de contratos de longo ou de médio prazo destinados a proporcionar a alguém um financiamento, não através de uma quantia em dinheiro, mas por via do uso de um bem, ou seja, através dele o locador proporciona ao locatário, não tanto a sua propriedade, mas a sua posse e

---

[66] Com o acesso já mencionado.
[67] Ac. do STJ de 22 de Janeiro de 2004, com o acesso referido.

utilização para determinado fim, pelo que o objectivo final deste contrato é o de concessão de crédito para financiamento do uso do bem e de disponibilização de acrescidos instrumentos tendentes a possibilitar o exercício de uma actividade produtiva".

Mais adiante refere o citado Acórdão: "Dir-se-á que o contrato de locação financeira se estrutura em termos de uma das partes – o locatário – formular à outra – o locador – um pedido de financiamento, com o alcançe de o último adquirir ou construir determinado bem para uso do primeiro, por certo período de tempo, mediante determinada renda periódica, com a possibilidade de, no seu termo, poder adquiri-lo por compra, mediante um preço pré-estabelecido, em conformidade com a respectiva renda, por forma a que aquele preço se identifique com o seu valor residual, assim englobando elementos próprios dos contratos de locação, de compra e venda a prestações e de mútuo".

A) As principais características do contrato de locação financeira

1. *A sua qualificação jurídica*

O contrato de locação financeira apresenta, como facilmente podemos constatar, uma estrutura complexa. Nele descortinamos, ao longo da sua execução, uma operação financeira [68], uma relação de locação e por fim uma eventual compra e venda, consubstanciada no exercício da opção de compra e correspondente pagamento do valor residual, dos quais resultam a consolidação da posse e a assunção da propriedade do bem em causa.

---

[68] Não subsistem dúvidas sobre esta característica. A sociedade locadora assume a posição de intermediário entre o fornecedor e o locatário, o qual, por falta de recursos para o pagamento integral do bem, a ela recorre para que o adquira e posteriormente o disponibilize. Trata-se assim, de uma operação que consiste num financiamento à possível ou efectiva compra do bem (dependendo do exercício da opção de compra), correspondendo as prestações a liquidar à amortização da sua aquisição.

Trata-se de um contrato nominado [69], ou típico, devidamente previsto e regulamentado no ordenamento jurídico vigente [70].

Será certamente um contrato misto [71], cuja figura está prevista no n.º 2 do artigo 405.º do C. Civil. As partes, no exercício do princípio da liberdade contratual,"incluem, num acordo unitário dois ou mais negócios distintos, ou as regras próprias de dois ou mais negócios" [72]. Todavia, alguns autores [73] colocam sérias dúvidas a esta qualificação, entendendo que os contratos, no que diz respeito à sua regulamentação e interpretação, devem apenas ser considerados nominados (típicos) ou inominados (atípicos). Assim, estes contratos, em que se fundem dois ou mais negócios jurídicos seriam "nominados quando tenham expressa consagração legislativa ou se reduzam a determinado tipo, e inominados os restantes" [74] A terceira categoria – contratos mistos – não terá utilidade ou procedência relevante. Deste modo, os contratos mistos deverão ser classificados como contratos nominados ou inominados.

Como contrato misto, a locação financeira não corresponde à figura da coligação de contratos, na qual deparamos com dos ou mais contratos "entre si ligados de alguma maneira, todavia sem prejuízo da sua individualidade própria" [75].

O contrato de locação financeira é um contrato sinalagmático, pois dele resultam obrigações recíprocas para ambas as partes. O locador obriga-se a proporcionar o gozo do bem, tendo como contrapartida a obrigação do locatário de pagar a respectiva renda. Existe assim, um vínculo de reciprocidade entre as duas obrigações [76].

---

[69] Ao contrário do aluguer de longa duração (ALD), como adiante veremos.

[70] Decreto Lei 149 /95 de 24 de Junho.

[71] Neste sentido o Ac. do TRL de 18/02/97, com o acesso referido: "É um negócio misto, com elementos da locação, da compra e venda e do mútuo, mas que se não reduz a nenhum deles".

[72] Antunes Varela, "Código Civil Anotado", pág. 354.

[73] Galvão Teles, "Manual dos Contratos em Geral", pág. 384 e ss..

[74] Almeida Costa "Direito das Obrigações", pág. 253.

[75] Almeida Costa, ob. citada.

[76] Antunes Varela, "Das Obrigações em Geral, pág. 280 e ss.."

É um contrato oneroso, na medida em que gera vantagens para ambas as partes. Diga-se que apesar de oneroso, tal não significa "forçosamente um perfeito equilíbrio objectivo ou absoluta contrapartida económica das prestações. O que em regra releva é a equivalência subjectiva, quer dizer, a que corresponde à avaliação ou vontade dos contraentes" [77]. Assim acontece com as rendas no contrato de locação financeira, que é composta pela contrapartida efectiva do uso do bem acrescida do lucro da locadora, como adiante veremos.

Como contrato oneroso, assume a característica de contrato comutativo. À data da celebração do contrato são fixados os benefícios ou contrapartidas que a cada uma das partes cabe.

Por fim, o contrato de locação financeira é um contrato de adesão [78], definido como o contrato "em que um dos contraentes, não tendo a menor participação na preparação das respectivas cláusulas, se limita a aceitar o texto que o outro contraente oferece, em massa, ao público interessado" [79]. Refere ainda o mesmo autor que "determinadas empresas, explorando certos ramos de actividade comercial ou industrial ou a prestação de determinados serviços, em lugar de discutirem caso a caso o conteúdo dos contratos que celebram com os seus clientes, adoptam determinados padrões ou modelos que utilizam na generalidade dos seus contratos".

Assim, no caso em estudo, o locatário limita-se a aderir ao modelo contratual que lhe é proposto pela entidade locadora, tendo consciência que nada pode fazer para alterar o conteúdo do contrato.

Certo é que o contrato e as suas cláusulas só obrigam as partes desde que elas as aceitem.

Por outro lado, poderá sempre o locatário socorrer-se do regime das cláusulas contratuais gerais, instituído pelo Decreto lei 446 / 85 de 25 de Outubro [80]. Este diploma define e regulamenta as cláusulas que são elaboradas sem prévia negociação individual, limitando-se os destinatários a

---

[77] Almeida Costa, ob. citada.

[78] Neste sentido o Ac. do STJ de 18 de Novembro de 1996, com o acesso já referido.

[79] Antunes Varela, ob. citada.

[80] Este Decreto com as alterações introduzidas pelo DL 220/95 de 31/08 e pelo DL 249/99 de 07/07 é junto em anexo.

acatá-las, ou aquelas cujo conteúdo, previamente elaborado, não podem de forma alguma ser influenciadas pelo destinatário. São, assim, elencadas as cláusulas relativamente proibidas e absolutamente proibidas [81], sendo cominada a sua nulidade nos termos do artigo 12.º .

Para além deste decreto, dispõe o C. Civil de um conjunto de preceitos que "salvaguardam a ética dos contratos" [82]. Neste sentido, o Ac. do STJ [83] que refere: "É nula a cláusula que: a) atenta contra o princípio da boa fé (artigo 762.º , n.º 2 do Código Civil) e constitui exercício ilegítimo do direito do locador (artigo 334.º do Código Civil); b) vai contra a ordem pública e os bons costumes (artigo 282.º , n.º 1, do Código Civil); c) é uma cláusula anulável por usura (artigo 282.º , n.º 1 do código Civil)".

2. A opção de compra

Pressuposto fundamental do contrato de locação financeira é o exercício da opção de compra pelo locatário, no final do contrato, por um determinado preço.

Assim, dispõem os artigos 1.º , 9.º , n.º 1, al. c) e 10.º , n.º 2, al.f) do Decreto Lei 149 / 95.

Neste sentido aponta igualmente o Acórdão do STJ de 13/03/90 [84], quando refere que "a faculdade de comprar ou não comprar a coisa locada, no fim do contrato, constitui um dos elementos essenciais do contrato de locação financeira imobiliária". Um outro Acórdão do mesmo tribunal [85], determina que "na relação locador – locatário encontram-se integrados os direitos e deveres caracterizantes do contrato, ou seja, a obrigação do locador ceder o bem ao locatário para seu uso e o direito correspectivo do locatário de pagar a renda e comprar a coisa no fim do contrato".

---

[81] Artigos 15.º e ss. do diploma citado.
[82] Antunes Varela, ob. citada,
[83] Ac. de 28 de Outubro de 1993, com o acesso citado.
[84] Com o acesso referido.
[85] Ac. do STJ de 22/11/01.

Ao locatário é conferido o direito potestativo [86] de futura aquisição da propriedade do bem em causa [87]. Este direito encontra-se consagrado na supra referida al. f), n.º 2 do artigo 10.º do Decreto Lei 149/95.

Não sendo o locatário, findo o contrato por qualquer motivo, obrigado à aquisição do bem, tendo apenas a faculdade de o fazer, dispõe o artigo 7.º do diploma referido que, em caso do não exercício dessa faculdade, poderá o locador "dispor do bem, nomeadamente vendendo-o ou dando-o em locação ou locação financeira ao anterior locatário ou a terceiro".

3. *As rendas*

A al. a) do n.º 1 do artigo 10.º do Decreto Lei 149 / 95 estabelece como primeira obrigação do locatário, o pagamento das rendas. Trata-se de um encargo periódico assumido pelo locatário.

Procurar o conceito de renda neste diploma torna-se uma tarefa inútil. Todavia, nem sempre foi assim.

Na verdade, no Decreto Lei 171 / 79 de 6 de Junho, que iniciou a regulamentação do contrato de locação financeira, dispunha no n.º 1 do seu artigo 10.º que a renda permitiria a amortização total da quantia dispendida pelo locador financeiro, a cobertura dos respectivos encargos e a margem de lucro [88].

Este diploma foi revogado pelo Decreto Lei 149 / 95 de 24 de Junho, que na sua redacção inicial, referia que a renda deveria permitir "a recuperação de mais de metade do capital correspondente ao valor do bem locado e cobrir todos os encargos e a margem de lucro do locador" [89].

Não obstante as alterações entendia o legislador manter uma definição de renda, determinando as componentes do seu conteúdo.

Posteriormente, o Decreto Lei 285 / 01 [90], deu forma ao actual diploma (DL 149/95), alterando, de forma relevante, o regime existente. Em

---

[86] O seu titular pode exercê-lo por sua livre vontade.

[87] Neste sentido Ac. do TRL de 18/02/97, já citado.

[88] Naturalmente essencial à actividade financeira que temos vindo a tratar.

[89] Cfr. Art. 4.º n.º 1 deste diploma.

[90] Já referido no Capítulo IV supra.

O *Contrato de Locação Financeira*

nome da "transparência das condições contratuais e da livre concorrência" este decreto substituiu as "normas imperativas" que disciplinavam certos aspectos deste contrato pela liberdade total dada aos respectivos sujeitos, apenas limitada pela submissão às regras gerais de direito.

Assim, no que a esta matéria diz respeito, foram revogados os artigos 4.º, 5.º[91] e 20.º[92].

A jurisprudência, face a este "vazio" legislativo, manteve a definição do conceito, adequando-o à evolução dos tempos, o que traduz um pilar fundamental deste instituto, razão porque não deixaremos de a acompanhar.

Como já referimos a renda constitui a contrapartida pelo gozo e fruição do bem cedido pela locadora. O Acórdão do STJ de 03/06/03[93], refere que "a renda deve permitir dentro do período da sua vigência, a amortização do bem locado e cobrir os encargos e margem de lucro da locadora". O mesmo Acórdão, citando Maria Teresa Veiga de Faria[94], assinala que a renda se destina a cobrir a amortização global do custo do investimento, onde se inclui a amortização – adquirido pela locadora –, a retribuição pela sua utilização e ainda a remuneração do risco suportado pela entidade financeira.

Assim, não corresponde a renda ao valor locativo da operação, ou a uma simples contraprestação pela utilização do bem.

Neste sentido, atente-se no Acórdão do STJ[95], que para além de manter a posição jurisprudencial supra mencionada, no que concerne à definição de renda, acrescenta que "as rendas da locação financeira não são rendas locatícias, nem representam a contrapartida da utilização do bem, objecto do contrato, e antes constituem, a amortização do mesmo bem, por forma a possibilitar que, no seu termo, o locatário possa exercer a opção da sua compra, pelo valor residual"[96].

---

[91] Sob a epígrafe "Redução de rendas".

[92] Relativo à "Antecipação de rendas".

[93] Com o acesso já citado.

[94] "Leasing e Locação Financeira", Cadernos de Ciência e Técnica Fiscal, n.º 139, pág. 480.

[95] De 03/02/04, com o acesso referido.

[96] Ainda no mesmo sentido, os Acs. do STJ de 17/03/98 e 03/02/04, com o acesso já definido.

Como dissemos, as rendas na locação financeira não são definidas como rendas locatícias, afastando-se do conceito de renda próprio da locação simples. Para este afastamento contribui o facto destas rendas não serem consideradas como prestações periódicas, mas prestações fraccionadas no tempo. Diga-se, aliás, que por conterem em si, para além do valor da amortização do bem, os encargos e a margem de lucro das sociedades de locação financeira, são mais onerosas que as rendas correspondentes à locação simples.

Seguindo ainda de perto a jurisprudência [97], na locação financeira "há uma obrigação única do devedor, correspondente, *grosso modo*, ao custo do bem, com prestações fraccionadas no tempo". Refere o mesmo Acórdão que as "rendas neste contrato decorrem de uma obrigação fraccionada quanto ao seu cumprimento, mas unitária em si mesma, na medida em que o seu objecto se encontra pré-fixado sem dependência da relação contratual".

Enfim, para o locatário – devedor das rendas -, a sua dívida nasce com a celebração do contrato de locação financeira, no qual fica estipulado o valor e o momento temporal de cada uma das fracções a liquidar.

4. *O valor residual*

Como já antecipamos, o valor residual não é mais do que o valor a pagar pelo locatário, caso venha a exercer a opção de compra, ao fim do prazo do contrato [98].

Actualmente, à semelhança do que referimos no capítulo anterior, não existe qualquer definição legal deste conceito.

Tal não sucedia com os diplomas anteriores ao actual Decreto Lei 149 /95. O n.º 3 do Artigo 10.º do Decreto Lei 171 /79 [99], considerava que

---

[97] Veja-se o Ac. do STJ de 03/02/04, já referido.

[98] O artigo 6.º do DL 149/95 define os prazos para os contratos de locação financeira mobiliária (mínimo 18 meses e máximo o correspondente à vida útil do bem, sendo que as locadoras optam geralmente por prazos entre os 24 e 48 meses) e imobiliária (mínimo 7 anos e máximo 30 anos, celebrando, usualmente, as sociedades de locação contratos entre os 7 a 10 anos).

[99] Que atrás mencionamos.

este valor correspondia àquele que restava ao bem findo o prazo do contrato. A primeira versão do Decreto Lei 149 /95 definia-o [100] como o montante de capital empregue pelo locador financeiro na aquisição do bem, que não viesse a ser amortizado pelas rendas. Ora, este artigo veio a ser revogado pelo Decreto Lei 285 /01 o qual, como dissemos, deu forma ao actual regime do contrato de locação financeira.

Como, estamos, na maior parte das vezes, perante um valor reduzido [101], entendido como um simples valor de transacção [102], os critérios geralmente usados para a sua fixação, radicam no tipo de equipamento e no valor para ele previsto no final do contrato.

É pois, nos termos dos pressupostos referidos, um valor livremente negociado entre as partes.

Refira-se, no sentido do que dissemos, o Parecer n.º 20 / 97 do Conselho Técnico da DGRN [103] de Setembro de 1997, o qual vem definir, para a locação financeira imobiliária, o conceito de valor residual para efeitos emolumentares: "Nos contratos de locação financeira, na modalidade de locação-compra, em que seja estipulada a opção de compra do imóvel no fim do contrato, a favor do locatário, mediante declaração de vontade deste, – contrato de amortização parcial – as rendas pagas durante o período de duração do contrato amortizaram parcialmente o valor do prédio. Exercida a opção de compra o locatário pagará o preço fixado ou a fixar nos termos do contrato, que corresponde à parte não amortizada do valor dos bens no decurso do contrato de locação financeira, isto é o valor residual.

Este valor não se confunde com o valor de mercado do imóvel no momento da compra, ou seja, com o seu valor real que, a maior parte das vezes é superior.

Do exposto resulta que o valor residual do contrato de locação financeira é um valor meramente simbólico.

---

[100] Art. 4.º , n.º 1.

[101] De forma a poder aliciar o locatário à aquisição do bem.

[102] Ou um custo de transferência de propriedade do bem, entre o locador e o locatário.

[103] Direcção Geral dos Registos e Notariado, com acesso em www.dgrn.mj.pt

Assim, o valor do acto para fins emolumentares será o corresponden-te ao preço estipulado ou o valor patrimonial dos bens se for superior".

5. A cláusula penal no contrato de locação financeira

A actividade da locação financeira, tal como a temos vindo a descre-ver, é, essencialmente, uma actividade financeira, cujo alvo são as entida-des interessadas na aquisição de equipamentos necessários ao desempe-nho da sua actividade. Assim, a locação financeira não supõe, como acontece com as empresas dedicadas ao simples comércio de equipa-mentos, a retoma dos bens locados para posteriormente serem vendidos ou voltados a locar [104].

Por este motivo, o cumprimento contratual, torna-se absolutamente essencial, já que só ele permite a cobertura integral do investimento efectuado – na aquisição do equipamento – e do lucro que corresponde à remuneração dos meios financeiros disponibilizados.

Na verdade, o incumprimento, neste tipo de contrato, assume particu-lar relevância, pois a entidade locadora vê-se na contingência de – após a resolução contratual e recuperação do bem – lhe ser restituído um equi-pamento que sofreu no período inicial da sua utilização uma forte desva-lorização. Como refere o Acórdão do TRL de 24/09/98 [105], "Como acon-tece na generalidade das operações financeiras, o risco (calculado de harmonia com tabelas próprias e considerando diversos parâmetros e variáveis) supõe o cumprimento pelo devedor e respeita, antes, a factores exógenos, como anormal desvalorização da moeda; opção do locatário por não adquirir o bem locado mediante o pagamento do valor residual, findo o contrato; inesperada obsolescência do bem por avanços tecnológi-cos não previstos que provocam a anormal desvalorização desse bem".

Ora, resulta claro que estes danos, consequência do incumprimento contratual, não estão cobertos pelas rendas pagas pelo locatário. Estas, cobrirão, ao longo da execução contratual, o investimento efectuado e a

---

[104] Embora, por vezes, isso venha a acontecer, como veremos.
[105] Com o acesso já referido.

margem de lucro, mas não os imprevisíveis prejuízos que a sociedade locadora poderá ver a sofrer.

Recordemos que estamos perante situações em que o volume de capital aplicado é vultuoso, na mesma proporção dos riscos assumidos.

Tornou-se, pois, imperativo acautelar os interesses destas instituições financeiras, através da fixação de cláusulas, ao abrigo da lei [106], que permitissem dissuadir o locatário do incumprimento das suas obrigações.

Por cláusula penal entende-se "a estipulação em que as partes convencionam antecipadamente uma determinada prestação, normalmente uma quantia em dinheiro, que o devedor terá de satisfazer ao credor em caso de não cumprimento, ou de não cumprimento perfeito (maxime, em tempo) da obrigação" [107]. Nestes termos, constitui "a fixação antecipada e convencional do montante da indemnização, sendo uma cláusula acessória da obrigação principal" [108].

Assim, ao incumprimento contratual corresponderá uma penalização, acordada pelas partes envolvidas e ajustada ao momento da celebração do contrato, que se pode considerar composta: poderá a sociedade locadora conservar as rendas vencidas e pagas e receber as vencidas e não pagas e, por outro lado, – cumulativamente – receber um valor indemnizatório correspondente a uma percentagem sobre as rendas vincendas e sobre o valor residual. Este valor indemnizatório, traduz a cláusula penal inserida no contrato.

Entende-se que a cláusula penal tem um valor fixo, "quer os prejuízos se apresentem na realidade inferiores ou superiores ao seu quantitativo. Consiste numa liquidação antecipada ("a forfait") dos danos, que as partes acordam livremente, apenas com ressalva dos preceitos imperativos da lei" [109].

---

[106] "O escopo da solução legislativa que permite as cláusulas penais é o de prevenir as dificuldades e incertezas, custos e delongas das discussões judiciais sobre o montante da indemnização, designadamente a dificuldade resultante do sistema de distribuição do ónus da prova", Ac do TRL de 08/06/00, com o acesso mencionado.

[107] Mota Pinto, "Teoria Geral do Direito Civil", pág. 585.

[108] Mota Pinto, ob. citada.

[109] Almeida Costa, ob. citada.

Neste sentido, e pela sua clareza, sigamos o Acórdão do STJ de 03/ 06/03 [110]: "As partes podem fixar por acordo o montante da indemnização exigível (artigo 810.º, n.º 1 do C. Civil).

Estando-se perante um caso de incumprimento da obrigação com culpa do devedor, que não cumpriu culposamente o contrato, funciona a cláusula penal convencionada. A estipulação acordada antecipadamente (antes de ocorrer o facto constitutivo da responsabilidade) no sentido de o devedor pagar as quantias referidas, deverá ser satisfeita ao credor, face ao não cumprimento daquele.". Refere ainda, "A cláusula penal pode exercer uma função indemnizatória ou uma função compulsória, ou, alternativa ou simultaneamente, uma e outra função.

Os contraentes podem recorrer à cláusula penal a fim de fixarem, desde logo, a indemnização que será devida em caso de incumprimento da obrigação principal ou a inclusão da cláusula penal pode ter o fim de incutir na outra parte a necessidade de respeitar as obrigações assumidas.

Escreve o Prof. Pinto Monteiro em "Cláusula Penal e Indemnização"- Coimbra, 1990, pág.301: "No primeiro caso estipula-se a cláusula penal a fim de liquidar o dano, ou seja, com o objectivo de fixar antecipadamente o montante da indemnização. No segundo, recorre-se à cláusula penal a fim de incentivar o devedor ao cumprimento, servindo a mesma de medida compulsória, destinada a zelar pelo respeito efectivo das obrigações assumidas".

A indemnização fixada que se assume como pena, tem assim que ser de um montante superior ao dano, para funcionar também como meio de pressão sobre o devedor.

Ocorrido o inadimplemento, a pena é a indemnização que o credor tem o direito de exigir, sem esquecer que a função compulsória estará sempre presente dentro do princípio da bifuncionalidade inerente à cláusula penal".

Diga-se que este princípio da bifuncionalidade da cláusula penal na locação financeira – função indemnizatória, pela prévia fixação da indem-

---

[110] Com o acesso anteriormente citado.

O Contrato de Locação Financeira 41

nização devida ao credor e função coercitiva, pela pressão que sobre o locatário incide, no sentido do cumprimento da obrigação – está largamente consagrado na jurisprudência [111].

Todavia, esta já não revela unanimidade, no que concerne às consequências do estabelecimento de cláusulas penais que possam ferir os princípios disciplinadores desta matéria.

O Decreto Lei 149/95 de 24 de Junho, que temos vindo a companhar, embora constitua o substrato legislativo do contrato de locação financeira, é completamente omisso no que diz respeito à indemnização a que o credor tem direito em caso de resolução contratual por incumprimento do locatário.

Se atentarmos no artigo 17.º [112], verificamos que o contrato pode ser resolvido "por qualquer das partes, nos termos gerais, com fundamento no incumprimento das obrigações da outra parte, não sendo aplicáveis as normas especiais, constantes da lei civil, relativas à locação".

Como já havíamos referido, remete-nos o legislador, no que às cláusulas contratuais diz respeito, para os princípios da liberdade contratual [113], da boa fé [114] e respeito pelos usos e costumes [115] e para os restantes limites estabelecidos na lei, nomeadamente o regime das Cláusulas Contratuais Gerais [116].

Desta forma, assume particular relevância o teor da cláusula penal, mesmo que acordada pelas partes, face ao disposto no Decreto Lei 446/85 de 25 de Outubro, que acaba por ser o limite instituído à liberdade contratual.

---

[111] Entre outros, Acs. do STJ de 15/06/98 e 16/05/00 e Ac. do TRL 25/05/00, todos com acesso em www. dgsi.pt.

[112] Sob a epígrafe "Resolução do contrato".

[113] Artigo 405.º do C. Civil.

[114] Artigo

[115] Artigo 280.º do C. Civil.

[116] Que consta do Decreto Lei 446/85 de 25 de Outubro, com as alterações introduzidas pelos Decretos Lei 220/95 de 31 de Agosto e 249/99 de 7 de Julho, junto em Anexo.

Neste sentido, entre outros, o Ac do STJ de 12/03/98, com o aceso já mencionado.

É inquestionável que o contrato de locação financeira é um contrato de adesão [117], o qual na parte que diz respeito às suas cláusulas gerais e, em especial, a cláusula penal que contém, está sujeito ao Decreto Lei 446/85.

Dispõe este diploma, no artigo 19.º, al. c) que "são proibidas consoante o quadro negocial padronizado, designadamente, as cláusulas contratuais gerais que consagrem cláusulas penais desproporcionadas aos danos a ressarcir". Comina o artigo 12.º que "as cláusulas contratuais gerais proibidas por disposição deste diploma, são nulas" [118].

A jurisprudência não tem sido uniforme nas consequências a atribuir à violação do citado artigo 19.º.

Se, por vezes se entende que a constatação da existência, num contrato de locação financeira, de uma cláusula penal violadora dos princípios da adequação e proporcionalidade – que correspondem à comparação objectiva entre o montante da indemnização prevista na cláusula e o volume dos prejuízos sofridos pela sociedade locadora – não implica a nulidade absoluta da mesma, admitindo-se a possibilidade de redução da cláusula [119], por aplicação do artigo 812.º do C. Civil [120]. Outras vezes é entendido que as cláusulas penais são nulas quando se verifique a desproporcionalidade face aos danos a ressarcir [121].

Em contrapartida, o valor da indemnização prevista na cláusula penal tem merecido quase completa unanimidade. A jurisprudência tem-se ma-

---

[117] Como referimos, Cap. V, A), I.

[118] Neste sentido, Ac. do TRP de 05/11/02: "A pena prevista cláusula deve ser proporcional ao dano causado, não podendo ser excessiva em relação a este, como deriva do artigo 811,n.º 3 do Código Civil".

[119] Ac. do TRL de 02/05/00, com o acesso referido supra.

[120] De acordo com o qual, sob a epígrafe "Redução equitativa da cláusula penal", dispõe: "1 – A cláusula penal pode ser reduzida pelo tribunal, de acordo com a equidade, quando for manifestamente excessiva, ainda que por causa superveniente; é nula qualquer estipulação em contrário. 2 – É admitida a redução nas mesmas circunstâncias, se a obrigação tiver sido parceialmente cumprida".

[121] Como refere o Ac. do TRP de 19/02/04 "Nos contratos de adesão as cláusulas penais manifestamente desproporcionais aos danos, não são redutíveis, mas nulas".No mesmo sentido, o Ac. do STJ de 15/12/98, entre outros, com o acesso citado.

nifestado pela atribuição de uma cláusula penal, para os contratos de locação financeira, correspondente a 20% da soma do valor das rendas vincendas e do valor residual, como o valor proporcional aos danos a ressarcir [122].

Unanimidade que igualmente se manifesta no que diz respeito à invocação da desproporção ou redução da cláusula penal.

Sendo certo que, desde a celebração do contrato e por acordo das partes, fica fixada a indemnização a pagar em caso de incumprimento do locatário, esta fica absolutamente determinada, razão porque não faz qualquer sentido ter a sociedade locadora de fazer prova dos danos sofridos e do seu valor.

Assim, impende sobre o locatário o ónus da prova, cabendo-lhe alegar e provar factos que possam conduzir à conclusão da desproporcionalidade da cláusula penal, isto é, uma substancial diferença entre o valor estipulado na referida cláusula e os danos a ressarcir, ou até, eventualmente, a inexistência de prejuízos [123].

B) O contrato de aluguer de longa duração (ALD)

Poderá dizer-se que o ALD traduz a existência de um contrato de aluguer celebrado entre uma sociedade locadora e um locatário, vindo este a assumir a propriedade do bem – um automóvel [124] – no final do contrato.

Assim descrito, somos levados a pensar que estamos perante um tipo contratual em tudo semelhante ao contrato de locação financeira. Porém, não obstante as parecenças evidentes, existem determinadas características que afastam as duas figuras.

---

[122] Acs. TRP de 27/02/96, TRL de 13/02/97, STJ de 10/02/98 e 12/03/98, TRL de 24/09/98, TRP de 30/11/00 e 23/09/02 e TRL de 02/05/00, todos com acesso em www. dgsi.pt.

[123] Neste sentido Acs. do STJ de 15/12/98 e TRL de 25/05/00, com o acesso citado.

[124] Toda a jurisprudência relaciona o ALD com veículos automóveis.

Em primeiro lugar, há que referir que estamos perante um contrato inominado (atípico) visto não corresponder a sua forma a nenhuma espécie legalmente prevista [125].

Assim, na elaboração do seu conteúdo, vigora o princípio da liberdade contratual [126].

A par deste princípio, tem entendido a jurisprudência, que o ALD configura um contrato de natureza especial, a que são aplicáveis as normas relativas à locação simples, reguladas no C. Civil e ainda pelo diploma que regulamenta a "indústria" de aluguer de veículos automóveis sem condutor, usualmente denominada de "rent-a-car" [127].

Ora, compulsadas estas duas figuras – ALD e "rent-a-car" – não vislumbramos motivos que possam justificar o enquadramento do ALD no regime do aluguer de veículos automóveis sem condutor. Da leitura do diploma que rege esta última actividade encontramos determinados pontos que revelam a insusceptibilidade da aplicação deste regime ao ALD.

Assim, temos, entre outros, a própria tutela específica a que está sujeito [128] – Direcção Geral dos Transportes Terrestres e Direcção Geral do Turismo -, que são competentes para a atribuição do respectivo alvará [129]. Também o número mínimo de veículos necessários à exploração desta indústria [130], e a proibição de estacionamento na via pública quando não alugados, salvo em lugares especialmente fixados para o efeito [131].

---

[125] "Apesar dos pontos comuns que com tal figura (locação financeira) apresenta o contrato de aluguer de longa duração, *vulgo* ALD, muito em voga no segmento da comercialização de veículos automóveis, o legislador ainda não se decidiu pela sua específica regulamentação", Ac. TRL de 16/12/2003, com o acesso mencionado.

[126] Artigo 405.º do C. Civil.

[127] Actividade regulada pelo Decreto Lei 354/86 de 23 de Outubro (publicado no DR 245/86), alterado pelo Decreto Lei 373/90 de 27 de Novembro (publicado no DR 274/90) e pelo Decreto Lei 44/92 de 31 de Março (publicado no DR 76/92).

[128] Artigo 1.º do Decreto supra referido.

[129] Cabendo, nos termos da al. b) do n.º 2 do artigo 4.º , à DGT a aprovação das instalações da empresa de "rent-a-car".

[130] A definir por Portaria conjunta dos Ministros das Obras Públicas, Transportes e Comunicações e do Comércio e Turismo, cfr. Artigo 2.º n.º 5.

[131] Artigo 33.º deste diploma.

O Contrato de Locação Financeira

Por outro lado, verificamos que a opção de compra, essencial característica da locação financeira, não se encontra no ALD. Tal não significa que o locatário não venha a adquirir o bem em causa. Ao contrário, no ALD o locatário assume, ao celebrar o seu contrato, a promessa da aquisição do bem, no termo do contrato de ALD.

Significa isto, que o locatário celebra dois contratos: um de aluguer de longa duração e, em simultâneo, um contrato promessa de compra e venda, a cumprir à data do termo do primeiro contrato.

Assim, a propriedade do veículo, até ao momento da celebração do contrato de compra e venda, pertence à locadora, tendo o locatário apenas a sua posse. Ora, estando perante um contrato promessa, insusceptível de transmitir a posse, tal como é definida no artigo 1251.º do C. Civil, verificamos que o locatário não passa de um mero detentor ou possuidor precário.

Refere o Ac. do TRL de 06/06/00 que "Quem detém e utiliza, ainda que de forma duradoura, um veículo automóvel, em consequência da celebração de contrato de aluguer de longa duração (vulgo ALD) e concomitante contrato promessa de compra e venda, não é senão um detentor precário do veículo, exercendo a posse em nome alheio"[132].

Refira-se também que enquanto na locação financeira a sociedade locadora se obriga a adquirir ou mandar construir o bem locado, no ALD esta entidade apenas se vincula a proporcionar o uso e fruição do bem. Citando o Ac. do STJ de 20/11/03, "Os contratos de locação financeira e aluguer de longa duração assumem estrutura essencialmente diversa, porque no primeiro o locador se vincula a adquirir ou mandar construir o bem a locar, que o locatário pode ou não adquirir findo o contrato, e no segundo o locador apenas se obriga a proporcionar ao locatário o gozo da coisa, sem que este último possa assumir, findo o contrato, o direito potestativo da sua aquisição"[133].

---

[132] No mesmo sentido o Ac do TRL de 21/04/98, "Tem-se entendido que o contrato promessa não é susceptível de, só por si, transmitir a posse ao promitente comprador, pois que, se este obtém a entrega do coisa antes da celebração do negócio translativo, adquire o corpus possessório, mas não assume o animus possidendi, ficando na situação de mero detentor ou possuidor".Também o Ac. do TRL de 06/06/00, todos com acesso em www.dgsi.pt.

[133] Com o acesso referido.

C) O contrato de aluguer operacional – Renting [134]

O aluguer operacional [135], que passaremos a designar por AOV – aluguer operacional de veículos –, tem um a definição que o coloca muito próximo das figuras que atrás referimos. Afinal, estamos perante um contrato de aluguer de um médio, por médio ou longo prazo, em que uma das partes se obriga a facultar à outra o gozo de um bem, mediante o pagamento de uma retribuição fixa.

No entanto o AOV contém, como característica essencial, a inclusão da prestação de serviços operacionais, isto é, a prestação de um conjunto de serviços inerentes ao bom desempenho do veículo alugado e ainda outros serviços complementares [136].

Este contrato, que terá surgido em Portugal no final da década de 70, só encontrou um forte impulso a partir de 1996, altura em que empresas multinacionais procuraram encontrar no nosso país aquilo que tinham nos seus países de origem: um sistema eficaz de gestão das suas frotas automóveis.

Actualmente as pequenas e médias empresas, as instituições públicas e os particulares recorrem a este tipo contratual, reconhecendo as vantagens que ele implica.

Este sucesso radica no facto de não ser necessário mobilizar grandes recursos financeiros para poder usufruir dos meios-veículos – pretendidos.

As empresas em vez de investirem na aquisição de automóveis, bens que sofrem uma forte depreciação, celebram estes contratos de locação, canalizando os fundos que lhes eram destinados para investimentos que permitam potenciar a sua actividade.

Assim, estamos face a um contrato, sem componente financeira [137],

---

[134] Palavra de origem inglesa que significa aluguer a longo prazo.

[135] Que no nosso país incide apenas sobre automóveis, embora noutros países já esteja desenvolvido o renting de máquinas e equipamentos informáticos.

[136] Veja-se minuta junta em anexo.

[137] Embora o AOV seja praticado por instituições financeiras, para além dos importadores de veículos, garantindo algumas empresas o financiamento adequado.

com uma duração entre o médio e o longo prazo, findo o qual o locatário deveolve o veículo à locadora ou substitui-o por outro [138].

A opção pelo AOV possibilita a gestão integral dos bens locados, à qual corresponde um custo fixo. Este custo inclui, como referimos, a prestação de serviços essenciais à normal fruição do bem – revisões [139] a efectuar de acordo com as instruções do fornecedor / fabricante, substituição de pneus [140], pagamento do imposto municipal, seguros, gestão de combustível [141], gestão de portagens [142] e outros serviços [143].

Para além desta panóplia de serviços agregados ao contrato, cuja contratação, em tudo o que ultrapassa os serviços básicos, depende da vontade do locatário, ressalta, como dissemos, o facto de todos eles serem reduzidos a um custo fixo, deixando o utilizador de se preocupar com os custos variáveis que, normalmente, esses serviços implicam.

Consequência natural do que referimos supra está a constatação de que o AOV possibilita uma melhor gestão da liquidez e um incremento na planificação dos pagamentos.

Saliente-se ainda, a favor deste tipo contratual, o benefício que a sua utilização traz para a imagem da empresa que o celebra. Na verdade, o AOV permite manter a renovação constante da frota disponível, o que não deixa de ser relevante em termos comerciais, incrementando a sua imagem comercial, transmitindo sinais de crescimento e vitalidade junto dos seus clientes e fornecedores.

---

[138] Por vezes, algumas empresas, possibilitam a possibilidade de compra do veículo.

[139] O que, na generalidade, inclui mudanças de óleo, baterias, lubrificantes, peças de substituição, travões, etc.

[140] Sendo, geralmente, fixado que a cada conjunto de pneus corresponde uma determinada quilometragem, conforme as instruções fornecidas pelo fabricante.

[141] Através da atribuição de cartões que permitem o abastecimento nos postos contratados com a locadora.

[142] Garantindo o acesso à Via Verde.

[143] Algumas empresas disponibilizam ainda, a possibilidade de usufruir de acompanhamento especializado em casos de sinistro automóvel, garantindo o apoio nas negociações e peritagens necessárias, assim como assistência jurídica, também garantida em caso de aplicação de multas por infracções rodoviárias.

Enumeradas algumas vantagens, há que apontar, quanto a nós, os reduzidos inconvenientes desta figura.

Assim, e em primeiro lugar já constatamos que o AOV não pressupõe a propriedade do bem objecto do contrato, apesar de, como mencionamos, algumas empresas considerarem a possibilidade da celebração do contrato com opção de compra, mediante o pagamento de um valor residual [144].

Se bem que possa constituir um inconveniente, a questão da propriedade do bem não nos suscita grande interesse, até porque, como já abordamos, existem outros tipos contratuais que garantem essa possibilidade. Á partida, entendemos que o locatário num contrato de AOV estará mais interessado nos serviços previstos no contrato, do que na propriedade do bem locado.

Saliente-se ainda, como desvantagem relevante, a quilometragem a efectuar pelo locatário. Para este é, sem dúvida, uma limitação. As empresas locadoras, na medida em que asseguram a manutenção do veículo, impõem uma quilometragem anual, a qual não poderá ser ultrapassada, sob pena da obrigatoriedade do pagamento de um custo adicional.

Refira-se também, a existência de uma penalização, suportada pelo locatário, em casos de rescisão antecipada por sua iniciativa.

Ao locar um bem por um prazo determinado, prevendo a sua manutenção e assistência, a locadora tem em conta o seu investimento na aquisição do bem e nos custos da sua utilização. A resolução contratual, importa graves prejuízos para a sociedade locadora, que vê frustradas as suas expectativas, motivo pelo qual se procuram ressarcir através de uma penalização, que permita colmatar os danos sofridos [145].

O contrato de aluguer operacional é um contrato inominado, que se mantém sem a existência de uma legislação regulamentadora específica.

---

[144] Entre outras, é o caso da Avis Fleet Services, com acesso em www.avis fleetservices.com/pt.

[145] Algumas empresas preferem a renegociação do contrato, prolongando a sua duração, diminuindo assim o valor das rendas estipuladas ao tempo da sua celebração, propiciando ao locatário a amenização das prestações acordadas, facilitando o seu cumprimento.

Não estando sujeito às normas da locação financeira, este contrato rege-se pelas regras da locação simples e pelas que regem o contrato de prestação de serviços, em virtude de serem estes que constituem o elemento distintivo do aluguer operacional.

As instituições especializadas na realização de operações de financiamento de aquisição de bens podem celebrar contratos de AOV, de acordo com o disposto na al. b) do n.º 2 do artigo 1.º do Decreto Lei 72 / 95 de 15 de Abril.

O mesmo diploma – artigo 1.º A [146] – veda a estas sociedades a "prestação dos serviços complementares da actividade de locação operacional, nomeadamente a manutenção e a assistência técnica dos bens locados, podendo, no entanto, contratar a prestação desses serviços por terceira entidade".

Nestes termos, cabe ao locatário, no cumprimento do estabelecido contratualmente, e para os efeitos supra referidos, entregar a viatura nos locais – oficinas – pré – determinados, credenciados pela entidade locadora.

Por fim, uma referência aos riscos inerentes à utilização do veículo. Todos os riscos correm por conta da sociedade locadora, que na generalidade os transfere para uma empresa de seguros. Todavia, o locatário é responsável pelos riscos resultantes da sua conduta no uso do veículo [147].

D) O contrato de locação financeira restitutiva – sale and lease back

O contrato de locação financeira restitutiva é usualmente definido como aquele em que o proprietário de um bem o vende a uma sociedade de locação financeira, a qual, em simultâneo, o loca ao vendedor, por um determinado prazo e renda [148]. Ou, de uma forma mais simples, trata-se

---

[146] Sob a epígrafe "Prestação de serviços por terceiros".

[147] Assim acontece nos casos de excesso de velocidade, transportes ilegais, condução com álcool, entre outras

[148] Podendo o locatário voltar a adquirir esse bem, mediante o pagamento de um valor residual.

de uma operação de financiamento em que o proprietário venda à locadora um bem do seu activo, celebrando ao mesmo tempo um contrato de leasing sobre esse mesmo bem.

Assim, nestes contratos, ao contrário do que sucede na locação financeira [149], encontramos apenas dois intervenientes: o proprietário do bem e a sociedade de locação, sendo que o primeiro assume a dupla posição de fornecedor da empresa locadora e de locatário.

Nos termos do Acórdão do STJ de 25/01/99 [150], "Na locação financeira, na modalidade de lease back ou de locação financeira restitutiva (sale and lease back), o bem móvel ou imóvel é adquirido pela sociedade de locação, em vez de ser o utente (locatário) do bem a obter daquela, um bem móvel ou imóvel que ela adquiriu ou mandou construir a terceiro. Na locação em lease back o devedor transfere para o credor a propriedade de um bem a título de garantia do crédito obtido".

É pois claro que, enquanto na locação financeira encontramos uma relação triangular – fornecedor / sociedade locadora / locatário -, na locação restitutiva essa relação passa a ser linear – vendedor (locatário) / comprador (locador). Aqui reside, a nosso ver, a principal diferença face à locação financeira.

Certo é que estamos perante um contrato que possibilita a conversão do imobilizado das empresas, ou parte dele, em liquidez, o que permite suprir a sua carência, sem que, não obstante a transferência de propriedade, o vendedor (locatário) perca a posse e fruição do bem em causa.

Discute a doutrina sobre a possibilidade do sale and lease back caber na noção tipificada de locação financeira.

Nesta discussão, acompanhamos Raquel Tavares dos Reis [151]. Assim, de entre todos aqueles que afastam a tipificação desta figura, ressalta o argumento de que ao sale and lease back falta a componente de financia-

---

[149] Onde, como vimos supra, encontramos três intervenientes: o fornecedor, a sociedade locadora e o locatário.

[150] Com acesso em www.dgsi.pt.

[151] "O contrato de locação financeira no Direito português: elementos essenciais", pág. 121. Publicações "on-line", Área Gestão e Desenvolvimento, UCP, Centro Regional das Beiras, com acesso em www.crb.ucp.pt.

mento própria da locação financeira, limitando-se a constituir uma pura concessão de crédito.

Por outro lado, diz-se que o Decreto Lei 149/95 se refere, em vários artigos, ao fornecedor do bem, razão porque a locação financeira tipificada supõe sempre a supra mencionada relação triangular. Não existindo o fornecedor, como entidade individualizada, no sale and lease back, não poderá esta figura ter cabimento na disciplina consagrada no referido diploma.

Defendem ainda alguns autores que a este contrato é aplicável o preceituado no artigo 927.º e ss. do Código Civil, isto é, a venda a retro [152].

Não prescindimos aqui de citar Galvão Teles [153], quando refere que "a venda "a retro" pode servir interesses sérios e legítimos, como o daquele que precisando de dinheiro, não queira também despojar-se definitivamente dos bens, conservando a esperança e o direito de os recuperar".

Nesta perspectiva a noção de sale and lease back tem aqui integral cabimento, o que poderia corresponder à tipificação da figura. No entanto, se atentarmos no n.º 1 do artigo 929.º do Código Civil, que define os prazos improrrogáveis de resolução do contrato – dois anos para bens móveis e cinco para bens imóveis, salvo estipulação de prazo mais curto – verificamos a total incompatibilidade com o modelo do sale and lease back.

Na verdade, a finalidade desta operação, tal como a definimos, não se compagina com prazos tão curtos.

Ficamo-nos assim, pela mera semelhança com a figura da venda a retro.

A ser assim, mantém-se a questão da tipificação deste tipo contratual, nomeadamente a necessidade de tornar este contrato subsumível às regras do Decreto Lei 149 /95, que regulam a locação financeira.

Para Raquel Tavares dos Reis [154], destaca-se em ambas as figuras um mecanismo de financiamento com a intervenção de uma sociedade

---

[152] Venda em que se reconhece ao vendedor a faculdade de resolver o contrato.

[153] "Contratos Civis", pág. 30.

[154] Ob. citada.

financeira. Por outro lado, do ponto de vista jurídico e apesar da inexistência de uma relação trilateral, "o que é determinante é que se vislumbrem dois contratos distintos: a locação financeira e a venda (ou a empreitada), independentemente de a pessoa do locatário financeiro desenvolver ou não uma dupla função de fornecedor e de utilizador do bem" [155].

Assim, este contrato, como modalidade da locação financeira, seria regido pelas regras que a ela se aplicam.

A nossa posição, apesar do reconhecimento da tese dispendida, não é de total concordância.

Já referimos que a principal diferença entre os contratos em causa, reside no número de intervenientes. Ora, a posição que o Decreto Lei 149/95 assume, ao expressar a relação tripartida (fornecedor, sociedade locadora e locatário), parece-nos incontornável. Não terá tido o legislador a intenção de contemplar o sale and lease back na previsão legal da locação financeira.

A nosso ver, as diferenças entre as duas figuras não se esgotam na supra mencionada.

Se atentarmos na características próprias do sale and lease back, descortinamos alguns pontos, de relevância indiscutível, que afastam os dois contratos.

Assim, no contrato de sale and lease back o bem proposto para venda é, usualmente, submetido a uma avaliação a efectuar pela sociedade locadora. É esta avaliação que vai determinar o seu valor de mercado. Ora, não esquecendo que a locadora ao adquirir o bem está simultaneamente a conceder um crédito, concluimos que esse bem será, certamente, subavaliado, não correspondendo o valor a fixar no contrato com o seu real valor de mercado.

É bom de ver que esta diferença permite à sociedade locadora fazer face aos riscos inerentes à concessão de crédito, nomeadamente a depreciação do bem em causa e a sua perda de valor de mercado.

Esta situação, natural em qualquer contrato deste tipo, não tem qualquer paridade, como vimos, com o que se passa na locação financeira.

---

[155] Ob. citada, pág. 122.

Saliente-se ainda, no sentido da diferença entre os dois contratos, aquilo que diz respeito à aquisição do direito ao uso do bem.

Na locação financeira, o locatário só ao celebrar o contrato adquire esse direito, isto é, só a partir desse momento lhe é conferida a possibilidade do gozo do bem.

Ao invés, no sale and lease back o direito ao uso do bem não é objecto de qualquer aquisição, pois ele já pertence ao locatário antes da celebração do contrato e a concretização de toda a operação dele não o virá a privar.

Cremos, pelo que dissemos, que o contrato de sale and lease back, não obstante o sua essência financeira, se afasta da noção de contrato de locação financeira, conforme preceituado no Decreto Lei 149/95, constituindo um contrato inominado, ao qual se aplicam as regras da compra e venda e da locação, previstas nos artigos 874.º e 1022.º , respectivamente, do Código Civil.

VII

A PROVIDÊNCIA CAUTELAR PREVISTA
NO ARTIGO 21.º DO DECRETO LEI 149/95

No nosso sistema processual civil, os procedimentos cautelares revestem características que os diferenciam das acções previstas no n.º 1 do artigo 4.º do Código de Processo Civil [156].

Não sendo verdadeiras acções, servindo todavia, à prossecução do seu fim, os procedimentos cautelares estão previstos, em termos gerais, no n.º 2 do artigo 2.º do C. P. C., que garante que a todo o direito corresponde a acção adequada, "bem como os procedimentos necessários para acautelar o efeito útil da acção".

Este efeito útil reporta-se à acção principal [157], declarativa ou executiva, servindo-lhe como instrumento (prévio) para acautelar, ainda que de forma provisória, os interesses do seu autor.

---

[156] Que refere "As acções são declarativas ou executivas".

[157] A adopção da terminologia "acção principal", implica o reconhecimento do procedimento cautelar como acção "secundária". Anselmo de Castro, "Lições de Processo Civil", Almedina, pág. 227, denominou estes procedimentos como acções cautelares. A nosso ver, a sua essência, – para além do carácter urgente que assume e suas naturais decorrências, nomeadamente, a sua estrutura mais simplificada, e a provisoriedade da decisão, que poderá ser alterada na sentença a proferir na acção principal – não importa grandes diferenças.

Note-se ainda a posição de Joel T. Ramos Pereira, "Prontuário de Formulários e Trâmites", Vol. II, Quid Juris, pág. 15, que considera os procedimentos cautelares como "expedientes jurídicos". Justifica este autor, o uso desta expressão, "face à descaracterização que tem sofrido. Assim, no CPC de 1876, os proce-

Assim, os procedimentos cautelares, porque são dependentes de uma acção, carecem de autonomia. Apenas poderão ser um preliminar da acção a interpor ou um apenso da acção já proposta.

A sua estrutura processual aparece pois, simplificada, o que se justifica em função da sua própria finalidade, remover o "periculum in mora" [158].

Por isso, nestes procedimentos, não é necessária a prova do direito, bastando que "exista a probabilidade séria da existência do direito", como refere o n.º 1 do artigo 387.º do CPC. O mesmo se diga quanto ao dano invocado, sendo suficiente, como decorre do mesmo artigo, que se "mostre suficientemente fundado o receio da sua lesão".

Também o "sacrifício do princípio do contraditório" [159], reflecte esta estrutura simplificada, podendo o tribunal não ouvir o requerido "quando a audiência puser em risco sério o fim ou a eficácia da providência" [160].

Porque a sua finalidade é obstar à demora que a acção normal implica, o procedimento cautelar "reveste sempre carácter urgente" [161].

O Ac. do TRP de 12/06/00 [162] diz: "Como refere Anselmo de Castro, in Processo Civil Declaratório, pág. 130, as providências cautelares têm a sua justificação no princípio geral do sistema processual civil segundo o qual a demora de um processo não deve prejudicar a parte que tem razão; o processo deve dar ao autor, quando vencedor, a tutela que ele receberia se não ocorresse o litígio. Por outras palavras, para que as sentenças não sirvam só para emoldurar e pendurar, mas resolvam os problemas concretos das pessoas que recorrem aos Tribunais. Assim, quando se comprove "o periculum in mora" devem ser requeridas e

---

dimentos cautelares eram considerados *actos preventivos e preparatórios.*" No CPC de 1961, deixaram de ter a natureza de *acções*: apesar de serem perspectivados no diploma preambular como "uma verdadeira acção cautelar", não constam do elenco do artigo 4.º do CPC onde são especificados os diversos tipos de acções.".

[158] O prejuízo da demora inevitável do processo.

[159] A. Varela, J.M. Beleza e Sampaio e Nora, "Manual de Processo Civil", pág. 25.

[160] Cfr. n.º 1 do artigo 385.º do CPC.

[161] Cfr. n.º 1 do artigo 382.º do CPC. No mesmo sentido, artigos 386.º e 387.º.

[162] Com acesso no *site* referido.

decretadas as medidas provisórias que visem acautelar prejuízos irreparáveis ou de difícil reparação".

Terminamos estas notas introdutórias, muito genéricas, sobre os procedimentos cautelares, referindo que o CPC os divide em não especificados ou inominados – artigo 381.º e ss. – e especificados ou tipificados – artigos 393.º e ss. [163].

A providência cautelar prevista no artigo 21.º do Decreto Lei 149/ /95 [164], é uma providência especificada que permite ao locador, findo o contrato, e não tendo o locatário exercido a opção de compra, nem restituído o bem, requerer a sua imediata entrega e, tratando-se de bens sujeitos a registo, o respectivo cancelamento.

Como refere Joel T. Ramos Pereira [165], o procedimento previsto no artigo 21.º "viola, em parte, os princípios da instrumentalidade e provisoriedade, características dos procedimentos cautelares em geral, na medida em que permite a obtenção antecipada do mesmo efeito material (entrega do bem) e jurídico (cancelamento do registo) que será atingido com a acção principal".

Como referimos, são requisitos deste procedimento, a resolução do contrato de locação financeira, o não exercício da opção de compra e a não entrega do bem.

É certo que a entidade locadora não necessita de provar a existência do "periculum in mora". Nos termos do n.º 4 do artigo 21.º , "o tribunal ordenará a providência requerida se a prova produzida revelar a probabilidade séria da verificação dos requisitos referidos no n.º . 1.º " [166].

Por outro lado, verifica-se que a estrutura desta providência não difere do regime dos procedimentos cautelares em geral, o qual se lhes aplica subsidiariamente.

---

[163] Estando previstos na lei a restituição provisória de posse, a suspensão das deliberações sociais, os alimentos provisórios, o arbitramento de reparação provisória, o arresto, o embargo de obra nova e o arrolamento.

[164] De que se junta minuta, em anexo.

[165] Ob. citada, pág. 763.

[166] Neste sentido, veja-se o Ac. do TRL de 17/11/99 (com o acesso citado) quando refere: "Basta alegar e provar a existência de um contrato de locação financeira, a sua resolução em virtude de incumprimento por parte do locatário e a não restituição do bem, objecto daquele contrato".

Saliente – se a faculdade do locador poder dispor livremente do bem, depois de decretada a providência e independentemente da interposição de recurso pelo locatário [167].

E ainda a possibilidade de aplicação deste procedimento a todos os contratos de locação financeira, qualquer que seja o seu objecto [168]. Esta possibilidade foi introduzida pelo Decreto Lei 265 /97 de 2 de Outubro, que alterou o artigo 21.º , alargando o seu âmbito. Antes desta alteração, este artigo não era aplicável aos contratos de locação financeira que tinham por objecto bens imóveis, restando à locadora a instauração de um procedimento cautelar não especificado a fim de dar prossecução aos seus interesses [169].

A jurisprudência tem demonstrado unanimidade em torno de quase todos os aspectos relacionados com esta providência cautelar, o que, por motivos óbvios, tem sido relevante para o desenvolvimento deste mercado.

Todavia, num ponto, quanto a nós essencial, não têm os tribunais de 1.ª instância ou os tribunais da Relação, demonstrado uniformidade.

Reportamo-nos à situação – cuja frequência no que respeita a bens móveis sujeitos a registo, tem vindo a aumentar – em que o locatário, resolvido o contrato de locação financeira e não tendo sido exercida a opção de compra, entrega voluntariamente o bem locado [170], mantendo a posse dos documentos que a ele dizem respeito, necessários ao cancelamento do respectivo registo.

Neste aspecto, no que diz respeito à adequação desta providência, as decisões são absolutamente díspares, em especial nos tribunais de 1.º instância, as quais vão desde a clara admissibilidade da mesma, até ao indeferimento liminar do procedimento, passando por situações intermédias.

---

[167] Cfr. n.º 6 do artigo 21.º .

[168] Cfr. n.º 8 do artigo supra referido.

[169] No sentido afirmado, veja-se o Ac. do TRL de 16/01/97, com o acesso referido.

[170] Refere o Ac do TRL de 08/05/01, com o mesmo acesso, que: "A restituição do bem não se tem por completada sem assinatura de declaração de resolução por parte do locatário, documento indispensável ao cancelamento do registo e à total disponibilidade do bem restituído por parte do locador".

O mesmo acontece nos tribunais superiores. O Ac. do TRP de 29/09/ /98 [171] refere expressamente que "Não está prevista a providência com o fim exclusivo do cancelamento do registo".

Ao invés, o Ac. do TRL de 05/07/00 [172] determina que "Se findo o contrato de locação financeira de um veículo automóvel por resolução, for efectuada a entrega voluntária desse veículo pelo locatário ao locador, continua este a poder lançar mão da providência cautelar prevista no artigo 21.º do DL 149/95 de 24/06, para obter o cancelamento do registo da locação financeira, quando aquela entrega tenha sido feita desacompanhada dos documentos necessários a tal cancelamento".

Cremos que esta última posição é a correcta. Aliás, não faria sentido que o legislador ao prever especificamente esta providência, que tem como principal finalidade a garantia da normal prossecução desta actividade, exigisse a cumulação dos dois pedidos considerados no artigo 21.º .

Assim, não nos parece admissível que este procedimento só possa ter lugar quando se requerem a entrega judicial do bem e o cancelamento do respectivo registo. Aceitar outra posição, implica violar o próprio sentido económico do bem em causa, o qual necessariamente passa pela sua transacção, que não poderá ser levada a bom termo sem o suporte documental necessário.

Por fim, refira-seque, sendo decretada a procedência deste procedimento [173] o tribunal ordenará a entrega imediata do bem locado [174], o cancelamento do registo e, eventualmente, exigir a prestação de uma "caução adequada", nos termos dos n.º s. 4 e 5 do artigo 21.º .

---

[171] Com o acesso sempre referido.

[172] Com o mesmo acesso.

[173] Que poderá ser instaurada pelo locador também contra terceiros, a quem o locatário haja cedido o bem locado, cfr. Ac. do STJ de07/07/99, com o acesso citado.

[174] O que será efectuado pela secretaria do tribunal ou mediante solicitação da intervenção da autoridade policial, de acordo com Joel T. Ramos Pereira, ob. citada, pág 765.

VIII

ANEXOS

A) Minutas

Contrato de Locação Financeira

Entre:

1.º Contraente:..............................., pessoa colectiva n.º ...., com sede em..............................., como locatário.

2.º Contraente: Leasing..............., S.A., pessoa colectiva n.º ...., com sede em......................., matriculada na CRC de..........., sob o n.º ...., como locador.

Pelos contraentes foi dito que acordam mútua e reciprocamente na celebração deste contrato de locação financeira, o qual terá como objecto o bem referido na Cláusula 1.ª das Condições Particulares, nos termos do disposto nos DL 72/95 de 15 de Abril e 149/95 de 24 de Junho e demais legislação aplicável, o qual vêm documentar neste título, de acordo com as Cláusulas das Condições Gerais e Particulares que a seguir são descritas:

I) *Condições Gerais*

1.ª

a) O objecto do presente contrato consiste no bem descrito nas Condições Particulares, o qual será adquirido pelo Locador, de acordo com as instruções a ele fornecidas pelo Locatário.

b) O Locatário declara que, de forma livre, procedeu à escolha do bem a locar, assim como o seu fornecedor ou fabricante, tendo acordado com este os pontos referidos nas Condições Particulares, de entre os quais se salientam o preço, as condições de pagamento e o respectivo prazo de entrega do bem.

c) Mais declara o Locatário que, após inspecção ao bem locado, e verificação das suas características, este corresponde integralmente às suas necessidades, sendo o bem adequado aos fins para que será destinado.

2.ª

O Locador está obrigado:

a) A adquirir o bem descrito nas Condições Particulares, por decisão, e exclusiva responsabilidade do Locatário, nas condições acordadas por este, ao fornecedor aí referenciado, comprometendo-se ao pagamento integral do bem, assim que seja assinado o respectivo Auto de Recepção do mesmo.

b) A ceder ao Locatário o gozo do bem para o fim a está destinado, pelo prazo previsto neste contrato, assumindo a possibilidade da sua venda, desde que o Locatário manifeste, de forma expressa, essa vontade.

c) A ceder o gozo do bem, desde que o Locatário tenha declarado o seu recebimento, nas condições por ele pretendidas.

3.ª

1 – Salvo estipulação em contrário prevista nas Condições Particulares, a locação entrará em vigor na data da entrega ao Locador do Auto de Recepção indicado na Cláusula seguinte, o qual comprova a recepção do bem pelo Locatário e a sua adequação para o fim a que se destina.

2 – No caso de várias entregas, em datas diferenciadas, os momentos da entrada em vigor da locação serão fixados pelas Condições Particulares.

O *Contrato de Locação Financeira*

3 – O prazo de duração da locação é o indicado nas Condições Particulares, sendo o seu início estabelecido de acordo com o referido supra, caducando a mesma no fim do respectivo prazo sem necessidade de denúncia ou qualquer outro acto.

4.ª

1 – Por este meio confere o Locador mandato ao Locatário, o qual declara expressamente aceitá-lo, para proceder à recepção do bem locado, em seu nome e por sua conta, assumindo este a responsabilidade por todos os custos relacionados com a entrega, nomeadamente, o seu transporte, instalação, montagem, seguro e arranque de funcionamento.

2 – O Locatário deve remeter ao Locador o Auto de Recepção do bem, assinado por si e pelo Fornecedor, o qual, para além de constituir uma autorização para o Locador proceder ao respectivo pagamento ao Fornecedor, significará que o bem recepcionado está de acordo com a encomenda efectuada pelo Locatário e está dentro das condições pretendidas, sendo, por isso, adequado aos fins para os quais estava destinado.

3 – Caso não se verifique conformidade entre o bem entregue e as especificações da encomenda, assim como no caso de não funcionamento ou funcionamento deficiente, o Locatário deverá recusar a recepção, informando o Locador e Fornecedor, por carta registada com aviso de recepção, indicando os motivos da recusa, resolvendo o contrato.

4 – No caso previsto no número anterior, o Locatário deverá reembolsar de imediato o Locador de todas as quantias pagas ou devidas por este por causa do contrato, acrescidas dos respectivos juros calculados à mesma taxa prevista no contrato, acrescida de 4%, ficando o Locador desobrigado de todas as suas obrigações face ao Fornecedor e ao Locatário.

5 – O Locador não responde pela entrega atempada do bem, nem pela sua entrega no local indicado, nem ainda pela sua integral correspondência desse bem com as características e especificações indicadas pelo Locatário; compete ao Locatário e só a ele, o exercício de qualquer acção ou direito contra o Fornecedor, por incumprimento deste, nomeadamente, para recuperação de quantias eventualmente pagas, pedidos de

indemnização por perdas e danos e resolução de venda. Relativamente a este último efeito, o Locador desde já subroga o Locatário em todos os seus direitos relativamente ao Fornecedor.

6 – A não entrega do bem pelo Fornecedor ou a não conformidade do mesmo com o constante das Condições Particulares, não exoneram o Locatário das suas obrigações para com o Locador, nem lhe conferem qualquer direito contra este.

5.ª

O locador é o único e exclusivo proprietário do bem, pelo que o Locatário não pode ceder a sua utilização, seja a que título for, em especial, por cessão da posição contratual, sublocação, trespasse, cessão de exploração, nem aliená-lo ou onerá-lo, ou dele dispor de qualquer outra forma, sem autorização prévia e escrita pelo Locador.

6.ª

1 – Para além do pagamento das prestações pecuniárias referidas na Cláusula 9.ª, e de outras obrigações previstas na lei e neste contrato, constituem obrigações do Locatário:

I.   Comunicar ao Locador todas as negociações estabelecidas com o Fornecedor, por forma a que este possa, de acordo com as instruções do Locatário, adquirir o bem locado nas condições acordadas.

II. Fazer um uso normal e adequado do bem, não o aplicando a um diverso daquele a que se destina, cumprindo escrupulosamente as instruções do Fornecedor e do Fabricante, bem como as leis e regulamentos que à sua utilização sejam aplicáveis, obtendo todas as licenças e autorizações para tanto necessárias.

III. Não utilizar o bem noutros locais que não sejam os constantes das Condições Particulares, salvo autorização prévia escrita do Locador.

IV. Permitir ao Locador, sempre que este o exija, o exame do bem.

V. Suportar todas as despesas de transporte, montagem e instalação do bem.
VI. Manter o bem em bom estado de funcionamento e conservação, sendo da sua exclusiva conta e responsabilidade todas as reparações, assim como as benfeitorias consideradas necessárias ou úteis e ainda as ordenadas pela Autoridade Pública.
VII. Comunicar ao Locador a constatação de todo e qualquer defeito ou deterioração anormal do bem locado, assim como de qualquer situação que o faça perigar.
VIII. Avisar, de imediato o Locador, da invocação por um Terceiro de qualquer direito sobre o bem.
IX. Restituir o bem locado, caso não pretenda proceder à aquisição do mesmo, no termo deste contrato de locação, no estado que resultar de uma utilização normal e prudente.
X. Suportar todas as despesas relacionadas com a devolução do bem, em especial as relativas ao seu transporte e seguros.
XI. Efectuar e suportar os seguros do bem locado, contra o risco de perda e deterioração bem como os danos por ele provocados.
XII. Não ceder ou transmitir por qualquer título a sua posição contratual ou a utilização do bem, seja a que título for, no todo ou em parte, de acordo com o preceituado na Cláusula anterior.

2 – Quaisquer alterações introduzidas pelo Locatário no bem locado, carecem de autorização prévia e escrita do Locador. Todas e quaisquer peças incorporadas no bem, passarão a ser propriedade do Locador, não assistindo ao Locatário direito a qualquer indemnização.

7.ª

1 – Durante o período de vigência do presente contrato, e mesmo após o termos do mesmo, caso o bem se mantenha em seu poder, será sempre o Locatário o único e exclusivo responsável, pela deterioração, perda ou perecimento desse bem, assim como por qualquer impedimento à sua utilização, levantado por Terceiros, como a Autoridade Pública, e

ainda por todos os prejuízos por este causados, qualquer que seja a sua causa.

2 – Para os efeitos previstos no número anterior, o Locatário obriga-se a efectuar, por sua integral responsabilidade, contratos de seguro que cubram quer a responsabilidade civil ilimitada, excluindo-se assim qualquer pretensão de indemnização contra o Locador, quer os riscos de perda, deterioração ou perecimento do bem locado.

3 – Relativamente aos seguros exigíveis por lei ou pelo presente contrato, deverá ser tomado em conta o seguinte:

a) As Condições Particulares deste contrato, indicarão a natureza, âmbito e capital seguro, acordados pelo Locador e Locatário.

b) O Locatário, devido ao facto de ter escolhido o bem e negociado a sua compra, obriga-se a verificar a conformidade do seguro previsto nas Condições Particulares com o valor do bem, as suas características, a adequação ao fim a que se destina e condições de exploração do mesmo.

c) Sempre que, de acordo com o estipulado no número anterior, o seguro a contratar implique capital, âmbito, cobertura e natureza diversas ou complementares das exigidas nas Condições Particulares, deverá o Locatário, a suas expensas e integral responsabilidade, proceder à contratação do respectivo seguro adequado.

d) Todas as consequências resultantes do desrespeito pelo previsto nas alíneas anteriores são da integral e exclusiva responsabilidade do Locatário.

As respectivas apólices de seguros, deverão mencionar expressamente:

a) Que o bem é propriedade exclusiva do Locador e se encontra subordinado a um contrato de locação financeira.

b) Que, em caso de sinistro seja qual for a natureza deste, toda e qualquer indemnização deverá ser paga pela Seguradora directamente ao Locador.

c) Que as apólices não poderão ser alteradas, suspensas ou anuladas, sem prévio conhecimento e autorização do Locador.

d) Que ao Locador é reconhecido o direito de participar sinistros e ao accionamento do respectivo seguro.

4 – O Locatário deverá efectuar os seguros atrás referidos e fazer a respectiva prova perante o Locador até à data de celebração do contrato, devendo-lhe entregar, no prazo de trinta dias a contar a partir desta data, cópia das apólices e adicionais.

5 – O Locatário obriga-se a manter em vigor, durante o prazo de vigência deste contrato e enquanto o bem for propriedade do Locador, os contratos de seguro referidos, a pagar os respectivos prémios à Seguradora e a comprovar, sempre que solicitado pelo Locador, a realização desses pagamentos.

8.ª

1 – Em caso de sinistro do bem, o Locatário deve, no prazo máximo de 48 horas, por carta registada com AR, comunicar ao Locador e notificar a Seguradora, solicitando a competente peritagem.

2 – Caso o sinistro implique apenas perda parcial, concluindo a peritagem que o bem é reparável, o Locatário deve mandar proceder à reparação, a suas expensas. Efectuada a reparação e mediante comprovação adequada dos respectivos custos e do bom estado do bem, o Locador entregará ao Locatário qualquer indemnização que eventualmente receba da Seguradora, em virtude do sinistro.

3 – Se o sinistro for de perda total, deverá observar-se o seguinte:
   a) O contrato de locação financeira caduca, para todos os efeitos;
   b) O Locatário será obrigado a pagar ao Locador, na data em que o contrato caduca, o valor do capital ainda não recuperado, acrescido de todos os débitos vencidos e não pagos, bem como dos juros correspondentes ao período que mediar entre o momento em que o contrato caduca e o efectivo pagamento, calculado à taxa do contrato e ainda eventuais prejuízos resultantes da legislação fiscal e de despesas administrativas;
   c) O Locador entregará ao Locatário o montante correspondente à indemnização que vier a receber da Seguradora, depois de pagas as importâncias antes referidas.

4 – Se o presente contrato tiver como objecto uma pluralidade de bens, existindo em cada um deles a possibilidade de utilização autónoma em relação aos demais, afectando o sinistro um ou vários desses bens, a locação subsistirá passando a ter apenas por objecto os bens não sinistrados.

5 – Caso, apesar do disposto na lei e neste contrato, o bem se vier a perder ou deteriorar anormalmente, o Locatário responderá perante o Locador por esse valor, subrogando aquele nos seus direitos, por forma a que o Locatário, se possível, possa obter de outrém o reembolso do valor perdido.

6 – São da responsabilidade do Locatário todas as diligências necessárias ao accionamento do seguro e ao respectivo pagamento pela Seguradora.

9.ª

1 – O Locatário pagará ao Locador uma renda nos montantes e nas datas de vencimento previstos nas Condições Particulares, devendo esse pagamento efectuar-se na sede do Locador ou em qualquer outro local ou forma que este indicar.

2 – O Locador poderá alterar as rendas sempre que, durante a vigência do presente contrato, ocorrerem alterações no indexante escolhido, de acordo com o previsto nas Condições Particulares. As alterações que vierem a ser efectuadas incidirão apenas sobre as rendas vincendas.

3 – O valor residual, definido como o montante pelo qual o Locatário poderá adquirir o bem locado no termo do contrato, será expressamente fixado nas Condições Particulares.

10.ª

1 – No termo da locação e desde que não se encontre vencido e não pago qualquer crédito do Locador sobre o Locatário, poderá este adquirir o bem, mediante o pagamento do valor residual referido nas Condições Particulares, a que acrescerão todas as despesas administrativas, assim

O Contrato de Locação Financeira 69

como encargos e impostos devidos. O Locatário deverá comunicar ao Locador a sua intenção de adquirir o bem, até à data de vencimento da última renda do contrato, sob pena de perder o direito à sua aquisição.

2 – Não havendo aquisição do bem conforme referido e não procedendo o Locatário à renovação do contrato, deverá este, no fim do prazo da locação, restituir imediatamente o bem ao Locador, no local e à entidade indicada por este e suportar todas as despesas inerentes à restituição.

3 – O contrato poderá, porém, ser renovado desde que o Locatário, com a antecedência mínima de três meses relativamente ao termo da locação, a sua vontade de renovação e desde que além disso, seja também essa a vontade do Locador e ambos acordem nas condições do novo contrato.

11.ª

1 – O presente contrato poderá ser resolvido por iniciativa do Locador, nos termos do Decreto Lei 149 / 95 de 24 de Junho, mas também sempre que haja incumprimento definitivo pelo Locatário das obrigações por si assumidas, nomeadamente, das previstas na Cláusula 6.ª das presentes Condições Gerais.

2 – O incumprimento temporário, tanto no que diz respeito a obrigações pecuniárias como a quaisquer outras, torna-se definitivo, desde que o Locatário não faça cessar a mora, repondo a situação que existiria se não tivesse havido incumprimento, no prazo de 10 dias contados sobre a recepção de intimação enviada pelo Locador.

3 – O Locador poderá ainda resolver o presente contrato em caso de verificação de qualquer um dos pressupostos da falência, processo preventivo de falência, de recuperação de empresa, dissolução ou liquidação do Locatário.

4 – A resolução far-se-à por simples declaração do Locador, dirigida ao Locatário.

5 – Resolvido o contrato, o Locatário não terá direito a qualquer indemnização ou compensação, é obrigado a restituir o bem em bom estado de conservação, no prazo máximo de cinco dias a contar da data de resolução.

6 – A resolução do contrato não exonera o Locatário do dever de cumprimento de todas as obrigações estabelecidas que, à data se encontrem vencidas, como rendas, juros de mora, impostos, taxas, prémios de seguro e demais encargos, sem prejuízo de indemnização por perdas e danos prevista nesta Cláusula.

7 – Em alternativa ao direito à resolução do contrato previsto nos números anteriores, poderá o Locador exercer os seus direitos de crédito sobre o Locatário, que se considerarão todos vencidos no momento de verificação do incumprimento. Neste caso, todos os créditos vencerão juros, a partir do referido momento.

8 – O Locador e o Locatário acordam expressamente que, em caso de resolução do presente contrato, ao Locador assiste ainda o direito de conservar as rendas vencidas e pagas.

9 – Resolvido o contrato pelo Locador, com fundamento no incumprimento definitivo por parte do Locatário e para além da restituição do bem locado e do direito a conservar as rendas vencidas e pagas, tem ainda o Locador direito a receber as rendas vencidas e não pagas, acrescidas de juros, e ainda a mais um montante indemnizatório igual a 20% da soma das rendas vincendas com o valor residual, sempre sem prejuízo do direito do Locador à reparação integral dos prejuízos sofridos.

12.ª

1 – Em caso de não pagamento pontual das rendas ou do valor residual e independentemente dos direitos consignados ao Locador na anterior Cláusula, serão devolvidos pelo Locatário juros de acordo com o estabelecido na lei.

2 – Se o Locatário não devolver o bem no fim do prazo da locação, será obrigado a indemnizar o Locador pelo atraso nessa entrega.

13.ª

1 – O Locador poderá exigir ao Locatário, livranças por ele subscritas, letras sacadas por ele e aceites por este ou qualquer outro título de crédito, para titular os seus direitos de crédito.

2 – Para garantia do bom e integral cumprimento das obrigações emergentes do presente contrato, o Locatário prestará ao Locador, caso este o exija, uma fiança bancária ou qualquer outra garantia, pessoal ou real.

14.ª

Todas as comunicações previstas no presente contrato deverão realizar-se para os endereços indicados na identificação de cada uma das partes.

15.ª

1 – Para todos e quaisquer litígios emergentes deste contrato será competente o foro da Comarca de............, conforme escolhido pelo Locador, sendo excluído qualquer outro.

2 – Em caso de litígio, a parte vencida suportará as despesas dele resultantes, incluindo os honorários dos mandatários forenses a que a outra parte haja, porventura, de recorrer para fazer declarar e / ou executar os seus direitos.

16.ª

1 – Todos os encargos, nomeadamente, impostos ou taxas que o Locador tenha de suportar com a obtenção dos fundos necessários, decorrentes da celebração deste contrato, serão suportados pelo Locatário.

2 – Estando o bem a que este contrato se refere sujeito a registo ou matrícula, o Locatário procederá aos correspondentes actos, a expensas suas e em nome do Locador, caso este assim o entenda.

B) *Condições Particulares*

1 – Descrição do bem
  a) Fornecedor...
  b) Descrição do bem...
  c) Preço total do bem...

2 – Entrega e utilização do bem
  a) Local de entrega...
  b) Local de utilização – Em qualquer parte do país e estrangeiro.
  c) Prazo de entrega – De acordo com o estabelecido entre o Locatário e o Fornecedor.

3 – Duração e pagamentos
  a) A primeira renda vence-se no dia...
  b) As restantes rendas vencem-se de acordo com a periodicidade prevista na alínea seguinte.
  c) Número de rendas e periodicidade:
    a) .... rendas;
    b) periodicidade mensal.

  d) Montante da primeira renda –..
  e) Montante das restantes rendas –..

4 – Valor residual –...

5 – seguros – De acordo com a Cláusula 7.ª das Condições Gerais deste contrato, o Locatário obriga-se a cumprir por todo o período de vigência do contrato os seguintes riscos:
  a) Seguro de responsabilidade civil ilimitada.
  b) Seguro de danos próprios (Choque, colisão, capotamento, incêndio, raio ou explosão, furto ou roubo, quebra isolada de vidros e assistência em viagem).

6 – Outras condições..

Contrato para Aluguer Operacional
de Veículos Automóveis

Entre..,
adiante designada por Locadora, e...
...., adiante designado por Cliente,
É celebrado o presente contrato de aluguer operacional que se rege pelas
seguintes cláusulas:

1.ª

O presente contrato regulamenta as relações estabelecidas entre a
Locadora e o Cliente / Utilizador, no âmbito do aluguer operacional de
viaturas e prestação de serviços. Qualquer alteração ao presente contrato ou às condições particulares deverá ser feita por escrito e assinada por
ambas as partes.

2.ª

As denominações constantes deste contrato, integram os conceitos
abaixo descritos:

a) Condições Particulares – Documento subscrito pelo Cliente/Utilizador e pela Locadora, referente a cada viatura incluída no âmbito do presente contrato, e no qual constam os dados identificativos da viatura, a identificação dos serviços contratados, os limites de duração e quilometragem do contrato e o valor das contrapartidas a pagar pelo Cliente / Utilizador à Locadora.

b) Fornecedor – Entidade que presta os serviços contratados, por conta da Locadora.

c) Viatura – O veículo automóvel referenciado nas Condições Particulares.

d) Utilizador – O Cliente ou pessoas indicadas por este, autorizadas a utilizar a viatura posta ao serviço daquele, para o que deverá estar devidamente habilitada à sua condução.

e) Apólice – Documento que titula o contrato de seguro da viatura e todas as suas especificações.

3.ª

1 – O aluguer operacional, incluindo ou não a prestação de serviços, considera-se adjudicado após a aceitação expressa pelo Cliente da proposta apresentada pela Locadora, devendo o Cliente assinalar, para além do aluguer operacional, quais os serviço pretendidos.

2 – Para efeitos da referida adjudicação, procederá a Locadora à avaliação financeira do Cliente, averiguando da eventual necessidade da apresentação de garantias, o que será comunicado, por escrito, ao Cliente.

3 – Após efectivada a contratação a Locadora procederá às diligências necessárias à aquisição do veículo e contratação com os Fornecedores.

4 – Sempre que a viatura seja habitualmente utilizada por pessoa diversa do Cliente, este obriga-se a dar-lhe conhecimento de todas as condições do presente contrato, mantendo, em qualquer caso, a responsabilidade pelo seu cumprimento perante a Locadora.

5 – O início da execução do aluguer operacional é fixado no momento imediatamente posterior à entrega da viatura identificada nas Condições Particulares.

4.ª

1 – A Locadora entrega ao Cliente e este recebe a viatura identificada nas Condições Particulares, para que dela se sirva e a utilize nos termos do presente contrato.

2 – A referida entrega será efectuada nas instalações da Locadora. Nestas instalações deverá igualmente ser devolvida a viatura, no termo do aluguer contratado. A Locadora só considerará ter ocorrido a devolução do veículo, quando tiver recuperado as respectivas chaves e o seu código, assim como o Livrete, Título de Registo de Propriedade, Livro de Instruções e Manutenção, o recibo de liquidação do Imposto Municipal sobre Veículos e, se for o caso, o Certificado de Inspecção Periódica e o Certificado Internacional de Seguro Automóvel.

3 – No acto da entrega será elaborado um "Auto de Recepção", do qual constará a identificação completa da viatura, e onde ficará registada

toda e qualquer divergência entre a viatura entregue e a encomendada, assim como qualquer anomalia detectada. A inexistência de anotações no "Auto de Recepção" certifica a aceitação pelo Cliente da viatura, das suas perfeitas condições e da sua adequação para o fim a que se destina.

4 – O Cliente assume a responsabilidade e o risco inerentes à guarda, detenção, circulação e utilização da viatura, assim como quanto aos danos nela causados, nomeadamente, por motivo de acidente, bem como os danos pessoais e patrimoniais causados a terceiros, os quais deverão estar cobertos por seguro com responsabilidade civil ilimitada, o qual poderá ser contratado pelo Cliente ou pela Locadora e que se manterá em vigor durante toda a vigência do contrato.

5 – O Cliente deverá fazer uma utilização diligente e cuidada da viatura, respeitando escrupulosamente as instruções do fabricante, quanto ao plano de revisões programadas, assim como outras intervenções destinadas a manter o normal funcionamento da viatura e ainda as inspecções periódicas determinadas pela legislação em vigor.

6 – Em caso de defeito de fabrico da viatura, devidamente constatado, a Locadora procederá à sua reparação ou substituição, desde que esta seja assegurada pelo Fornecedor ou fabricante.

7 – A Locadora presumirá que o Cliente não usa de forma diligente e cuidada a viatura, sempre que:

a) A viatura seja conduzida por pessoa não habilitada para o fazer, ou por pessoa que não esteja capacitada, ou nas condições adequadas para o fazer, de acordo com o a lei;b)

b) A viatura seja utilizada para fins não adequados às suas especificações, como provas desportivas, uso em todo o terreno, ou transportes inadequados;

c) O Cliente não cumpra as instruções do fabricante referentes ao plano de manutenção próprio.

8 – O Cliente poderá colocar menções publicitárias na viatura, de acordo com a lei respectiva, obrigando – à sua remoção antes da data prevista para a sua devolução, sendo certo que esta deverá ser entregue nas suas condições originais. Todas as responsabilidades relacionadas

com a colocação destas menções, nomeadamente licenças e eventuais coimas, correm exclusivamente por conta do Cliente.

9 – Sempre que a Locadora o entender, poderá solicitar ao Cliente, com a antecedência necessária, o acesso às viaturas a fim de verificar o seu estado e quilometragem efectuada.

10 – O Cliente assume a integral responsabilidade pelo pagamento de todas e quaisquer multas, contra-ordenações ou outras sanções que decorram de infracções praticadas no uso da viatura.

11 – A substituição da viatura, em caso de paralisação da mesma por avaria, só será imputável à Locadora caso o Cliente tenha subscrito o serviço "Viatura de Substituição".

12 – A substituição da viatura em caso de paralisação da mesma por sinistro, furto ou roubo, só será imputável à Locadora, se o serviço "Seguro" tenha sido contratado pelo Cliente.

5.ª

1 – Aos serviços prestados pela Locadora corresponde uma retribuição dividida em prestações mensais.

2 – O valor mensal a cobrar irá remunerar a locação do veículo pela Locadora ao Cliente, assim como os custos da prestação de serviços que aquela prestará ao Cliente, conforme as Condições Particulares e ainda os custos de gestão próprios da Locadora.

3 – A data de vencimento das retribuições a pagar pelo Cliente à Locadora está determinado nas Condições Particulares.

4 – Salvo estipulação em contrário, todos os pagamentos a efectuar pelo Cliente serão por transferência bancária que saldará o valor das facturas apresentadas pela Locadora à entidade bancária indicada pelo Cliente. Compromete – este a manter a respectiva conta, referenciada nas Condições Particulares, devidamente provisionada.

6.ª

1 – O seguro da viatura poderá ser contratado pela Locadora ou pelo Cliente, directamente junto de uma empresa seguradora, devendo vigorar por todo o período de alteração do contrato, sendo que a sua apólice deverá cobrir:
- Responsabilidade Civil Ilimitada;
- Danos próprios resultantes de choque, colisão, capotamento, incêndio, raio, explosão, roubo ou furto e fenómenos da natureza.

2 – A cobertura de danos próprios terá como capital mínimo o valor indicado pela Locadora, devendo indicar esta como beneficiária do mesmo, a quem deverão ser pagas todas as indemnizações em caso de sinistro.

3 – Em caso de sinistro, com responsabilidade do Cliente, suportará este a franquia a que haja lugar.

4 – Se, porventura, a Locadora for chamada a indemnizar terceiros por qualquer dano emergente da utilização do veículo, gozará do direito de regresso sobre o Cliente por todas as quantias dispendidas.

7.ª

1 – Findo o contrato, seja qual for o seu motivo, se a quilometragem percorrida exceder aquela que foi contratada, a Locadora facturará ao Cliente o valor resultante da multiplicação do número excedente de quilómetros pelo suplemento de quilómetro estipulado nas Condições Particulares.

2 – Caso venha a verificar-se que o excesso de quilómetros percorridos é superior a 25% do acordado, o suplemento previsto no número anterior será multiplicado por 2 %.

3 – Qualquer avaria no conta-quilómetros deverá ser imediatamente comunicada à Locadora, devendo esta, até à sua eliminação, calcular os quilómetros percorridos de acordo com a média efectuada pelo veículo até à detecção do mau funcionamento.

8.ª

Sendo certo que a retribuição devida pelo Cliente depende da quilometragem e do prazo contratados, sempre que a quilometragem efectivamente percorrida exceder os 15% do previsto, a Locadora poderá, sem necessitar de autorização do Cliente, alterar a retribuição mensal inicialmente estipulada.

9.ª

1 – A prestação de serviços de manutenção, quando subscrita pelo Cliente, será efectuada por Fornecedores escolhidos pela Locadora e por conta desta, mediante o pagamento de um valor mensal fixo.

2 – Os serviços de manutenção compreendem os seguintes pontos:
   a) Toda a manutenção prevista, no respectivo plano, fornecido pelo fabricante da viatura;
   b) Resolução de avarias desde que estas não resultem de utilização inadequada do veículo;
   c) Substituição de escovas limpa vidros, sempre que necessário, até ao limite de um conjunto por cada ano ou 25.000 Kms. de uso;

   1. Não serão autorizadas mudanças de óleo, a não ser que a Locadora expressamente o determine, para além das previstas pelo fabricante. O Cliente é responsável, no quadro das regras de uso antes descritas, pela verificação dos respectivos níveis e sua reposição, sendo esse custo suportado pela Locadora;

3 – Consideram-se excluídos do contrato, excepto quando contemplados no mesmo, os seguintes serviços:
   a) Reparações decorrentes do incumprimento do plano de revisões e manutenção previsto pelo fabricante;
   b) Furos e rebentamento de pneus;
   c) Reparação de chapa, pintura e estofos do veículo;
   d) Reparação de todos e quaisquer equipamentos montados no veículo na pendência do contrato;
   e) Todo e qualquer serviço prestado por outras entidades, que não as previstas como Fornecedores da Locadora.

10.ª

1 – Caso o Cliente venha a contratar o serviço de pneus, será definido nas Condições Particulares, o número máximo de pneus a substituir ao longo do contrato.

2 – O Cliente poderá optar por um serviço de substituição ilimitado, caso em que serão substituídos sempre que atingirem os níveis mínimos previstos na legislação aplicável.

3 – Toda e qualquer substituição de pneus será efectuada por um Fornecedor expressamente indicado pela Locadora para esse efeito.

4 – A Locadora reserva-se o direito de indicar o tipo de pneus adequados à viatura, excluindo outros, de acordo com as instruções do fabricante.

5 – Estão incluídos no serviço de pneus o alinhamento e calibragens respectivas, de acordo com o estipulado nas Condições Particulares.

11.ª

1 – Caso venha a ser contratado o serviço de veículo de substituição, a Locadora substituirá, a pedido do Cliente, a sua viatura, por outra correspondente ao mesmo tipo.

2 – A duração máxima da substituição constará das Condições Particulares. Poderá o Cliente subscritor, solicitar este serviço sempre que o desejar, não tendo que o justificar desde que não ultrapasse o número de dias contratados.

3 – A substituição de viatura por motivo de acidente, furto ou roubo não está enquadrada neste serviço, devendo o Cliente accionar o respectivo seguro, para estes efeitos.

4 – O Cliente será responsável pela viatura de substituição nos mesmos termos do que o é pela viatura contratada.

12.ª

1 – A Locadora poderá prestar ao Cliente, caso este assim decida, o serviço de gestão de combustível. Para este efeito, entregará ao Cliente

um cartão de abastecimento de combustível, pessoal e intransmissível, o respectivo PIN e a lista de postos aderentes, considerados Fornecedores da Locadora.

2 – O valor correspondente aos abastecimentos efectuados, será debitado em conta bancária indicada pelo Cliente, sendo-lhe enviadas, mensalmente pela Locadora, as respectivas facturas.

3 – Deverá o Cliente, comunicar à Locadora a perda, extravio ou roubo do cartão atribuído, sendo responsabilizado pelo seu uso indevido caso assim não proceda.

13.ª

Caso se venha a verificar mora do Cliente em qualquer pagamento devido à Locadora, poderá esta suspender o cumprimento dos seus deveres para com aquele, sendo-lhe concedido o direito de retomar a viatura sem aviso ao Cliente, exercendo a sua retenção até à cessação da mora.

14.ª

Para além dos demais casos previstos na lei, o contrato poderá ser resolvido por iniciativa da Locadora, sempre que o Cliente entre em incumprimento definitivo das suas obrigações, descritas no presente contrato.

Caso se verifique um incumprimento temporário, seja qual for o motivo, este passará a ser considerado definitivo oito dias após o envio de carta para o Cliente, possibilitando-lhe a regularização da sua situação.

15.ª

O presente contrato, assim como tudo o que consta das respectivas Condições Particulares, regem-se pela legislação aplicável.

Consideram as partes como competente, para dirimir qualquer litígio que entre elas venha a surgir o for da Comarca de.................................

Contrato de Aluguer de Longa Duração
Condições Particulares

Entre

LOCADORA

Nome – ...., Comércio e Aluguer de Bens, SA.
Morada – ....
NIPC – ....

LOCATÁRIO

Nome – ....
Morada/Sede – ....
N.º Contribuinte – ....
Actividade (CAE) – ....
Pagamento – Débito em Conta ....
Banco – ....

FORNECEDOR

Nome – ...., Comércio e Aluguer de Bens, Lda.
Morada – ....

EQUIPAMENTO

Descrição – 1 Viatura Toyota...
Marca – ....
Modelo – ....
Matrícula – ....
N.º Chassis – ....

CONDUTOR HABITUAL

Nome – ....
B. I. N.º ....

RENDAS

Prazo – 36 rendas..

Periodicidade – Mensal...

Depósito Caução – €...

Valor da 1.ª Renda – €..

Restantes Rendas (35) – €..

Despesas de Contrato – €...

Valor de IVA – €..

OPÇÕES

Seguro – Normal Auto / Franquia 2%..

N.º Pagamentos – 36..

Valor Mensal – €..

LOCAL DA ENTREGA – ....

LOCAL DA UTILIZAÇÃO – Portugal e restantes países em que o Certificado Internacional de Seguro (Carta Verde) é válido.

LOCAL DA RESTITUIÇÃO – sede da Locadora.............................

GARANTIAS – Livrança com aval...

A LOCADORA   O LOCATÁRIO

Contrato Promessa de Compra e Venda [175]

1.º ...., Lda., com sede na Rua........, Pessoa Colectiva n.º ....,
matriculada na Conservatória do Registo Comercial de Lisboa, sob o
n.º ....., daqui em diante designada como "Promitente – Vendedora", e
2.º ...., com morada na Rua........., contribuinte n.º ...., daqui
em diante designado como "Promitente – Comprador"

É celebrado o presente Contrato Promessa de Compra e Venda, que
se rege palas seguintes cláusulas:~

1.ª

A Promitente – Vendedora promete vender ao Promitente – Comprador, ou a quem este designar, que lhe promete comprar, livre de ónus e
encargos, o equipamento usado seguinte:
- Marca – Toyota
- Modelo – ....
- Matrícula – ....
- N.º Chassis – ....

2.ª

O Contrato de Compra e Venda será celebrado até..../..../..../, devendo, para o efeito, a Promitente Vendedora notificar por escrito o Promitente – Comprador com a antecedência mínima de 8 dias.

3.ª

O equipamento será adquirido pelo Promitente – Comprador no estado de conservação em que se encontra, e de quilometragem que indicar,
à data de celebração do Contrato de Compra e Venda.

4.ª

O presente contrato caduca automaticamente por perda do equipamento, considerando-se como tal, designadamente o furto, destruição to-

---

[175] Anexo ao contrato.

tal ou parcial, sendo que neste último caso, sempre que o custo da reparação seja superior ao valor comercial do equipamento.

5.ª

Se, por causa imputáveis ao Promitente – Comprador, este não puder utilizar o referido equipamento, considera-se o presente contrato resolvido, por incumprimento definitivo.

6.ª

O Promitente – Comprador não poderá exigir da Promitente Vendedora qualquer indemnização em consequência da caducidade ou da resolução deste contrato.

7.ª

O preço a liquidar integralmente ao momento da celebração do contrato definitivo é de €................., acrescido dos impostos e demais encargos legais em vigor.

8.ª

Caso o Promitente – Comprador pretenda antecipar a data referida na Cláusula 2.ª, deverá comunicar a sua intenção, por escrito, à Promitente – Vendedora, obrigando-se ao pagamento do preço que esta indicar.

9.ª

Todos os encargos decorrentes da celebração deste contrato, como os fiscais e de registo, serão da integral responsabilidade do Promitente – Comprador.

10.ª

As partes consideram como competente o for da Comarca de....., para a resolução de qualquer litígio emergente do presente contrato.

A Promitente – Vendedora   O Promitente – Comprador

Contrato de Lease Back

Entre:

– ...., Leasing S A, com sede em.........................,
Pessoa Colectiva n.º ...., adiante designada por Locadora, e
– ...., Lda., com sede em........................., Pessoa
Colectiva n.º ...., adiante designada por Locatária,

É celebrado o presente contrato de Lease Back, que se rege pelas seguintes Cláusulas:

1.ª

O presente contrato tem por objecto o bem móvel – adiante designado por equipamento – propriedade da Locadora, o qual se encontra livre de quaisquer ónus ou encargos, assegurando a Locadora o seu perfeito estado de funcionamento, integralmente adequado ao fim a que se destina.

2.ª

O equipamento referido na Cláusula anterior foi adquirido pela Locadora ao Locatário, pelo valor decorrente da avaliação prévia efectuada pela Locadora, o qual consta das Condições Particulares, com a expressa finalidade de vir a ser objecto deste contrato.

3.ª

Em caso de incumprimento contratual, nomeadamente, falta de pagamento das rendas acordadas, conforme estabelecido nas Condições Particulares, obriga-se a Locatária ao pagamento de todas as rendas vincendas e não pagas, assim como todos os encargos relacionados com a resolução contratual e devolução do equipamento, a efectuar pela Locadora.

4.ª

Este contrato terá o prazo de...... meses, com início em..../..../...., data da sua celebração e fim em..../..../.....

5.ª

Terminado o contrato poderá a Locatária:
- – Restituir o equipamento locado à Locadora;
- – Adquirir o referido equipamento por um valor previamente estabelecido nas Condições Particulares; ou
- – Renovar o contrato celebrado por prazo a acordar entre os intervenientes, tomando sempre em consideração o natural desgaste do equipamento e o seu prazo de vida útil.

6.ª

A Locatária pagará à Locadora, a título de retribuição pela locação, uma renda mensal, de acordo com o estipulado nas Condições Particulares, onde se encontra determinada a forma e local de pagamento.

7.ª

Obriga-se a Locatária a manter o equipamento, objecto do presente contrato, no local previamente estipulado, determinado nas Condições particulares, zelando e garantindo o seu bom estado e funcionamento.
- – Qualquer alteração ao previsto nesta Cláusula, em especial, o transporte do equipamento para outra localização, ou toda a alteração das suas características e especificidades, carecem de autorização expressa da Locadora.
- – Para este efeito, assim como para cobrir todos os riscos inerentes à posse e uso do equipamento citado, deverá a Locatária contratar um seguro adequado.

8.ª

Obriga-se ainda a Locatária a garantir o acesso ao equipamento por parte da Locadora, sempre que esta entenda conveniente fiscalizar o seu estado e respectivo funcionamento, devendo, para isso, comunicar à Locatária a sua intenção com o mínimo de três dias de antecedência.

9.ª

Constatada qualquer anomalia ou avaria no equipamento, por causa imputável à Locatária, deverá esta proceder ao pagamento de todas as despesas necessárias à reparação do mesmo, repondo-o no estado em que se encontrava ao tempo da celebração do contrato, podendo accionar o seguro contratado, nos termos da Cláusula 7.ª.

10.ª

Encontra-se absolutamente vedada à Locatária, durante o período de vigência deste contrato, a cessão, sublocação ou qualquer outra forma de transferência do equipamento locado.

11.ª

Locadora e Locatária acordam em considerar como exclusivamente competente, para dirimir qualquer litígio derivado da execução do presente contrato, o foro da Comarca de.................

PROVIDÊNCIA CAUTELAR DE ENTREGA
E CANCELAMENTO DE REGISTO

TRIBUNAL DA COMARCA DE ....

Exmo. Senhor Dr. Juiz

........................, Sociedade de Leasing S. A., Pessoa Colectiva n.º ......
................, com sede em.........., Rua..........................., matriculada na
respectiva Conservatória do Registo Comercial sob o n.º ...., vem
requerer a V. Exa., como preliminar da competente acção, a

PROVIDÊNCIA CAUTELAR DE ENTREGA JUDICIAL
E CANCELAMENTO DE REGISTO

Contra

Sociedade de Transportes................, Lda., Pessoa Colectiva n.º ....
................................, com sede em..,

O que faz nos seguintes termos e fundamentos, ao abrigo no disposto no
artigo 21.º do Decreto Lei n.º 149/95 de 24 de Junho:

1.º

A ora Requerente é uma sociedade anónima, que tem por exclusivo
objecto o exercício da actividade de locação financeira, nos termos da
respectiva legislação.

2.º

De acordo com o artigo 1.º do Decreto Lei 149/95 a locação financeira "é o contrato pelo qual uma das partes se obriga, mediante retribuição,
a ceder à outra o gozo temporário de uma coisa, móvel ou imóvel,

adquirida ou construída por indicação desta, e que o locatário poderá comprar, decorrido o período acordado, por um preço nele determinado ou determinável mediante simples aplicação dos critérios nele fixados."

3.º

No exercício da sua actividade, a Requerente celebrou um contrato de locação financeira com a Requerida, em...../...../......, tendo como objecto uma viatura de marca........, modelo.........., matrícula.............., pelo prazo de 48 meses e com o valor residual de €............ (doc. 1).

4.º

Nos termos deste contrato, a Requerida assumiu a obrigação de pagar à Requerente 48 rendas, senda a primeira no valor de €......................, e as subsequentes, mensais, no valor de €............. cada, de acordo com as Condições Particulares que se juntam e dão como reproduzidas (doc. 2).

5.º

Para efectivar este contrato, a Requerente adquiriu o referido veículo ao fornecedor e cedeu à Requerida apenas o seu gozo e fruição.

6.º

Assim, a ora Requerente, limitou-se a ceder o gozo do citado bem, não deixando por este facto de ser a única e legítima proprietária e possuidora do mesmo.

7.º

Diga-se, que o veículo objecto deste Contrato de Locação Financeira foi devidamente entregue e recepcionado nas instalações da Requerida, conforme o "Auto de Recepção", por esta assinado, aqui junto (doc.3).

8.º

Entretanto, deixou a Requerida de cumprir as suas obrigações, não pagando a renda vencida em..../..../...., razão pela qual se constitui em mora.

9.º

A Requerente, considerando que o cumprimento seria ainda possível, diligenciou no sentido de fazer cessar a mora, enviando carta à Requerida (doc. 4), onde lhe era possibilitada a resolução da situação no prazo de oito dias, sob pena do contrato ser considerado definitivamente não cumprido.

10.º

Ora, não tendo a Requerida, no prazo referido, cessado a mora invocada, considera-se para todos os efeitos não cumprida a obrigação.

11.º

Face ao comportamento da Requerida, encontrando-se vencidas e não pagas sete rendas, perdeu a Requerente o interesse que tinha na prestação.

12.º

Assim, nos termos do C. Civil e respectivas Cláusulas do Contrato de Locação Financeira, assiste à Requerente o direito de resolver o contrato.

13.º

Direito que a Requerente exerceu através de carta enviada à Requerida (doc. 5), onde inequivocamente manifestava a resolução contratual.

14.º

Pelo exposto, considera a Requerente que o Contrato de Locação Financeira em causa se encontra validamente resolvido desde a data da recepção da carta supra mencionada.

15.º

Ora, nos termos do contrato celebrado, os efeitos da resolução contratual são, para além da restituição do equipamento locado, o direito a conservar as rendas vencidas e pagas, a receber as rendas vencidas e não pagas, acrescidas dos respectivos juros, e ainda um valor indemnizatório correspondente a 20% da soma das rendas vencidas com o valor residual.

16.º

Não obstante as diligências efectuadas pela Requerente, não procedeu a Requerida à liquidação dos valores em dívida, nem à restituição da viatura locada.

17.º

Ora, a providência cautelar prevista no artigo 21.º do Decreto Lei 149//95 só pode ser decretada se, cumulativamente, se verificarem os requisitos do termo do contrato por resolução ou pelo decurso do prazo sem que o locatário tenha exercido o direito de compra, e desde que este locatário não tenha procedido à restituição do bem locado, ao seu legítimo possuidor e proprietário.

18.º

Os factos supra expostos preenchem, na integralidade, os requisitos da providência cautelar ora requerida, de acordo com o preceituado no referido artigo 21.º .

19.º

Certo é, que ao presente caso não se aplica qualquer procedimento cautelar previsto no Código Civil.

20.º

Entende a Requerente que a audição da Requerida poderá pôr em risco o fim deste procedimento, pois estando esta consciente do seu próprio incumprimento, procurará, uma vez mais, alargar o prazo para a necessária entrega da viatura.

Termos em que se requer a V. Exa.:

Que a providência requerida seja julgada procedente e provada, sem a audiência da Requerida e, em consequência, seja ordenada:
- A entrega do veículo referido no artigo 3.º deste articulado à Requerente, livre e pessoas e bens; e
- O respectivo cancelamento do registo da locação financeira.

Testemunhas:

Valor:

Junta:

O Advogado

B) Legislação

Decreto-Lei n.º 149/95
de 24 de Junho
Altera o regime jurídico do contrato de locação financeira

A entrada em vigor do Regime Geral das Instituições de Crédito e Sociedades Financeiras, aprovado pelo Decreto-Lei n.º 298/92, de 31 de Dezembro, regulando os aspectos fundamentais comuns às instituições do mercado financeiro, deixou em aberto a actualização das leis especiais reguladoras de vários tipos de instituições de crédito e dos diplomas que disciplinam contratos que constituam o objecto da actividade dessas sociedades, nomeadamente o contrato de locação financeira.

O presente diploma vem introduzir significativas alterações no regime jurídico do contrato de locação financeira, visando adaptá-lo às exigências de um mercado caracterizado pela crescente internacionalização da economia portuguesa e pela sua integração no mercado único europeu. As empresas portuguesas deverão dispor de um instrumento contratual adaptado a estas realidades, de modo a não verem diminuída a capacidade de concorrência perante as suas congéneres estrangeiras.

Assim, a reforma introduzida no regime jurídico do contrato de locação financeira visa, fundamentalmente, harmonizá-lo com as normas dos países comunitários, afastando a concorrência desigual com empresas desses países e a consequente extradição de actividades que é vantajoso que se mantenham no âmbito da economia nacional.

Nesta ordem de ideias, salientam-se as seguintes inovações principais:

Alarga-se o objecto do contrato a quaisquer bens susceptíveis de serem dados em locação;

Simplifica-se a forma do contrato, limitando-a a simples documento escrito;

Possibilita-se que o valor residual da coisa locada atinja valores próximos de 50% do seu valor total;

Reduzem-se os prazos mínimos da locação financeira, podendo a locação de coisas móveis ser celebrada por um prazo de 18 meses e a de imóveis por um prazo de 7 anos;

Enunciam-se mais completamente os direitos e deveres do locador e do locatário, de modo a assegurar uma maior certeza dos seus direitos e, portanto, a justiça da relação.

Assim:

Nos termos da alínea a) do n.º 1 do artigo 201.º da Constituição, o Governo decreta o seguinte:

ARTIGO 1.º
Noção

Locação financeira é o contrato pelo qual uma das partes se obriga, mediante retribuição, a ceder à outra o gozo temporário de uma coisa, móvel ou imóvel, adquirida ou construída por indicação desta, e que o locatário poderá comprar, decorrido o período acordado, por um preço nele determinado ou determinável mediante simples aplicação dos critérios nele fixados.

ARTIGO 2.º
Objecto

1 – A locação financeira tem como objecto quaisquer bens susceptíveis de serem dados em locação.

2 – Quando o locador construa, em regime de direito de superfície, sobre terreno do locatário, este direito presume-se perpétuo, sem prejuízo da faculdade de aquisição pelo proprietário do solo, nos termos gerais.

ARTIGO 3.º
Forma e publicidade

1 – Os contratos de locação financeira podem ser celebrados por documento particular, exigindo-se, no caso de bens imóveis, reconhecimento presencial das assinaturas das partes e a certificação pelo notário, da existência da licença de utilização ou de construção. (Redacção dada pelo DL 265/97 de 2/10)

2 – A assinatura das partes nos contratos de locação financeira de bens móveis sujeitos a registo deve conter a indicação, feita pelo respectivo signatário, do número, data e entidade emitente do bilhete de identi-

dade ou documento equivalente emitido pela autoridade competente de um dos países da União Europeia ou do passaporte.(Redacção dada pelo DL 265/97 de 2/10)

3 – A locação financeira dos bens referidos nos artigos anteriores fica sujeita a registo na conservatória competente. (Aditado pelo DL 265/97 de 2/10)

ARTIGO 4.º

Rendas e valor residual

(Revogado pelo DL 285/2001 de 3/11)

ARTIGO 5.º

Redução das rendas

(Revogado pelo DL 285/2001 de 3/11)

ARTIGO 6.º

Prazo

1 – O prazo de locação financeira de coisas móveis não deve ultrapassar o que corresponde ao período presumível de utilização económica da coisa. (Redacção alterada pelo DL 285/2001 de 3/11)

2 – O contrato de locação financeira não pode ter duração superior a 30 anos, considerando-se reduzido a este limite quando superior. (Redacção alterada pelo DL 285/2001 de 3/11)

3 – Não havendo estipulação de prazo, o contrato de locação financeira considera-se celebrado pelo prazo de 18 meses ou de 7 anos, consoante se trate de bens móveis ou imóveis.(Redacção alterada pelo DL 285/ 2001 de 3/11)

4 – (Revogado pelo DL 285/2001 de 3/11).

ARTIGO 7.º

Destino do bem findo o contrato

Findo o contrato por qualquer motivo e não exercendo o locatário a faculdade de compra, o locador pode dispor do bem, nomeadamente vendendo-o ou dando-o em locação ou locação financeira ao anterior locatário ou a terceiro.

Artigo 8.º
Vigência

1 – O contrato de locação financeira produz efeitos a partir da data da sua celebração.

2 – As partes podem, no entanto, condicionar o início da sua vigência à efectiva aquisição ou construção, quando disso seja caso, dos bens locados, à sua tradição a favor do locatário ou a quaisquer outros factos.

Artigo 9.º
Posição jurídica do locador

1 – São, nomeadamente, obrigações do locador:
   a) Adquirir ou mandar construir o bem a locar;
   b) Conceder o gozo do bem para os fins a que se destina;
   c) Vender o bem ao locatário, caso este queira, findo o contrato;

2 – Para além dos direitos e deveres gerais previstos no regime da locação que não se mostrem incompatíveis com o presente diploma, assistem ao locador financeiro, em especial e para além do estabelecido no número anterior, os seguintes direitos:
   a) Defender a integridade do bem, nos termos gerais de direito;
   b) Examinar o bem, sem prejuízo da actividade normal do locatário;
   c) Fazer suas, sem compensações, as peças ou outros elementos acessórios incorporados no bem pelo locatário.

Artigo 10.º
Posição jurídica do locatário

1 – São, nomeadamente, obrigações do locatário:
   a) Pagar as rendas;
   b) Pagar, em caso de locação de fracção autónoma as despesas correntes necessárias à função das partes comuns de edifício e aos serviços de interesse comum; (Redacção dada pelo DL 265/ /97 de 2/10)

c) Facultar ao locador o exame do bem locado;(Antes do DL 265/ /97 de 2/10, era a anterior al. b))

d) Não aplicar o bem a fim diverso daquele a que ele se destina ou movê-lo para local diferente do contratualmente previsto, salvo autorização do locador; (Antes do DL 265/97 de 2/10, era a anterior al. c))

e) Assegurar a conservação do bem e não fazer dele uma utilização imprudente;(Antes do DL 265/97 de 2/10, era anterior al. d))

f) Realizar as reparações, urgentes ou necessárias, bem como quaisquer obras ordenadas pela autoridade pública; (Antes do DL 265/97 de 2/10, era a anterior al.e))

g) Não proporcionar a outrém o gozo total ou parcial do bem por meio da cessão onerosa ou gratuita da sua posição jurídica, sublocação ou comodato, excepto se a lei o permitir ou o locador a autorizar; (Antes do DL 265/97 de 2/10, era a anterior al. f))

h) Comunicar ao locador, dentro de 15 dias, a cedência do gozo do bem, nos termos da alínea anterior; (Redacção dada pelo DL 265/97 de 2/10)

i) Avisar imediatamente o locador, sempre que tenha conhecimento de vícios no bem ou saiba que o ameaça algum perigo ou que terceiros se arrogam direitos em relação a ele, desde que o facto seja ignorado pelo locador; (Antes do DL 265/97 de 2/10, era a anterior al.h))

j) Efectuar o seguro do bem locado, contra o risco da sua perda ou deterioração e dos danos por ela provocados; (Antes do DL 265/ /97 de 2/10, era a anterior al.i))

k) Restituir o bem locado, findo o contrato, em bom estado, salvo as deteriorações inerentes a uma utilização normal, quando não opte pela sua aquisição. (Antes do DL 265/97 de 2/10, era a anterior al.j))

2 – Para além dos direitos e deveres gerais previstos no regime da locação que não se mostrem incompatíveis com o presente diploma, assistem ao locatário financeiro, em especial, os seguintes direitos:

a) Usar e fruir o bem locado;

b) Defender a integridade do bem e o seu gozo, nos termos do seu direito;

c) Usar das acções possessórias, mesmo contra o locador;

d) Onerar, total ou parcialmente, o seu direito, mediante autorização expressa do locador;

e) Exercer, na locação de fracção autónoma, os direitos próprios do locador, com excepção dos que pela sua natureza, somente por aquele possam ser exercidos; (Redacção dada pelo DL 265/97 de 2/10)

f) Adquirir o bem locado, findo o contrato, pelo preço estipulado. (Antes do DL 265/97 de 2/10, era anterior al.e))

ARTIGO 11.º
Transmissão das posições jurídicas

1 – Tratando-se de bens de equipamento, é permitida a transmissão entre vivos, da posição do locatário, nas condições previstas pelo artigo 115.º do Decreto-Lei n.º 321-B/90, de 15 de Outubro, e a transmissão por morte, a título de sucessão legal ou testamentária, quando o sucessor prossiga a actividade profissional do falecido.

2 – Não se tratando de bens de equipamento, a posição do locatário pode ser transmitida nos termos previstos para a locação. (Antes do DL 265/97 de 2/10, era o anterior n.º 3)

3 – Em qualquer dos casos previstos nos números anteriores, o locador pode opor-se à transmissão da posição contratual, provendo não oferecer o cessionário garantias bastantes à execução do contrato. (Redacção dada pelo DL 265/97 de 2/10)

4 – O contrato de locação financeira subsiste para todos os efeitos nas transmissões da posição contratual do locador, ocupando o adquirente a mesma posição jurídica do seu antecessor.

Artigo 12.º
Vícios do bem locado

O locador não responde pelos vícios do bem locado ou pela sua inadequação face aos fins do contrato, salvo o disposto no artigo 1034.º do Código Civil.

Artigo 13.º
Relações entre o locatário e o vendedor ou o empreiteiro

O locatário pode exercer contra o vendedor ou o empreiteiro, quando disso seja caso, todos os direitos relativos ao bem locado ou resultantes do contrato de compra e venda ou de empreitada.

Artigo 14.º
Despesas

Salvo estipulação em contrário, as despesas de transporte e respectivo seguro, montagem, instalação e reparação do bem locado, bem como as despesas necessárias para a sua devolução ao locador, incluindo as relativas aos seguros, se indispensáveis, ficam a cargo do locatário.

Artigo 15.º
Risco

Salvo estipulação em contrário, o risco de perda ou deterioração do bem corre por conta do locatário.

Artigo 16.º
Mora no pagamento das rendas

(Revogado pelo DL 285/2001 de 3/11)

Artigo 17.º
Resolução do contrato

O contrato de locação financeira pode ser resolvido por qualquer das partes, nos termos gerais, com fundamento no incumprimento das obrigações da outra parte, não sendo aplicáveis as normas especiais, constantes de lei civil, relativas à locação.

ARTIGO 18.º
Casos específicos de resolução do contrato

O contrato de locação financeira pode ainda ser resolvido pelo locador nos casos seguintes:

   a) Dissolução ou liquidação da sociedade locatária;
   b) Verificação de qualquer dos fundamentos de declaração de falência do locatário.

ARTIGO 19.º
Garantias

Podem ser constituídas a favor do locador quaisquer garantias, pessoais ou reais, relativas aos créditos de rendas e dos outros encargos ou eventuais indemnizações devidas pelo locatário.

ARTIGO 20.º
Antecipação das rendas

(Revogado pelo DL 285/2001 de 3/11)

ARTIGO 21.º
Providência cautelar de entrega judicial
e cancelamento de registo

1 – Se, findo o contrato por resolução ou pelo decurso do prazo sem ter sido exercido o direito de compra, o locatário não proceder à restituição do bem ao locador, pode este requerer ao tribunal providência cautelar consistente na sua entrega imediata ao requerente e no cancelamento do respectivo registo de locação financeira, caso se trate de bem sujeito a registo.

2 – Com o requerimento, o locador oferecerá prova sumária dos requisitos previstos no número anterior.

O *Contrato de Locação Financeira* 101

3 – O tribunal ouvirá o requerido sempre que a audiência não puser em risco sério o fim ou a eficácia da providência.

4 – O tribunal ordenará a providência requerida se a prova produzida revelar a probabilidade séria da verificação dos requisitos referidos no n.º 2, podendo, no entanto, exigir que o locador preste caução adequada. (Redacção dada pelo DL 265/97 de 2/10)

5 – A caução pode consistir em depósito bancário à ordem do tribunal ou em qualquer outro meio legalmente admissível.

6 – Decretada a providência e independentemente da interposição de recurso pelo locatário, o locador pode dispor do bem, nos termos previstos no artigo 7.º

7 – São subsidiariamente aplicáveis a esta providência as disposições gerais sobre providências cautelares, previstas no Código de Processo Civil, em tudo o que não estiver especialmente regulado no presente diploma. (Redacção dada pelo DL 265/97 de 2/10, era o anterior n.º 8)

8 – O disposto nos números anteriores é aplicável a todos os contratos de locação financeira qualquer que seja o seu objecto. (Redacção dada pelo DL 265/97 de 2/10)

ARTIGO 22.º

Operações anteriores ao contrato

Quando, antes de celebrado um contrato de locação financeira, qualquer interessado tenha procedido à encomenda de bens, com vista a contrato futuro, entende-se que actua por sua conta e risco, não podendo o locador ser, de algum modo, responsabilizado por prejuízos eventuais decorrentes da não conclusão do contrato, sem prejuízo do disposto no artigo 227.º do Código Civil.

ARTIGO 23.º

Operações de natureza similar

Nenhuma entidade pode realizar, de forma habitual, operações de natureza similar ou com resultados económicos equivalentes aos dos contratos de locação financeira.

Artigo 24.º

Disposições finais

1 – O disposto no artigo 21.º é imediatamente aplicável aos contratos celebrados antes da sua entrada em vigor e às acções já propostas em que não tenha sido decretada providência cautelar destinada a obter a entrega imediata do bem locado.

2 – Aos contratos de locação financeira celebrados nos termos do Decreto-Lei n.º 10/91, de 9 de Janeiro, não é aplicável o disposto no artigo 21.º

Artigo 25.º

Norma revogatória

É revogado o Decreto-Lei n.º 171/79, de 6 de Junho.

Decreto-Lei n.º 72/95, de 15 de Abril

Regula as sociedades de locação financeira

Artigo 1.º

Objecto

1 – As sociedades de locação financeira são instituições de crédito que têm por objecto principal o exercício da actividade de locação financeira. (Redacção alterada pelo Decreto Lei n.º 285/2001, de 03.11)

2 – As sociedades de locação financeira podem, como actividade acessória:

   a) Alienar, ceder a exploração, locar ou efectuar outros actos de administração sobre bens que lhes hajam sido restituídos, quer por motivo de resolução de um contrato de locação financeira, quer em virtude do não exercício pelo locatário do direito de adquirir a respectiva propriedade;

   b) Locar bens móveis fora das condições referidas na alínea anterior. (Redacção alterada pelo Decreto Lei n.º 285/2001, de 03.11)

Artigo 1.º A

Prestação de serviços por terceiros

Encontra-se vedada às sociedades de locação financeira a prestação dos serviços complementares da actividade de locação operacional, nomeadamente a manutenção e a assistência técnica dos bens locados, podendo, no entanto, contratar a prestação desses serviços por terceira entidade.(Aditado pelo Decreto Lei 285/2001, de 05.11)

Artigo 2.º

Regime jurídico

As sociedades de locação financeira regem-se pelo disposto no presente diploma e pelas disposições aplicáveis do regime Geral das Instituições de Crédito e Sociedades Financeiras.

Artigo 3.º

Designação

A designação de sociedade de locação financeira, sociedade de "leasing" ou outra que com elas se confunda não pode ser usada por outras entidades que não as previstas no presente diploma.

Artigo 4.º

Exclusividade

(Revogado pelo artigo 4.º do Decreto-Lei n.º 186/2002, de 21-08, que aprovou o regime jurídico das instituições financeiras de crédito (IFIC)).

Artigo 5.º

Recursos

As sociedades de locação financeira só podem financiar a sua actividade com fundos próprios e através dos seguintes recursos:

a) Emissão de obrigações de qualquer espécie, nas condições previstas na lei e sem obediência aos limites fixados no Código das Sociedades Comerciais, bem como de "papel comercial";

b) Financiamentos concedidos por outras instituições de crédito nomeadamente no âmbito do mercado interbancário, se a regulamentação aplicável a este mercado o não proibir bem como por instituições financeiras internacionais;

c) Financiamento previstos nas alíneas a) e d) do n.º 2 do artigo 9.º do Regime Geral das Instituições de Crédito e Sociedades Financeiras.

ARTIGO 6.º
Operações cambiais

As sociedades de locação financeira podem realizar as operações cambiais necessárias ao exercício das suas actividades.

ARTIGO 7.º
Consórcios

As entidades habilitadas a exercer a actividade de locação financeira podem constituir consórcios para a realização de operações que constituem o seu objecto

(Redacção alterada pelo Decreto Lei n.º 285/2001, de 03.11)

ARTIGO 8.º
Norma revogatória

É revogado o Decreto-Lei n.º 103/86, de 19 de Maio.

Decreto-Lei n.º 446/85 de 25 de Outubro, com as alterações introduzidas pelos Decreto-Lei n.º 220/95, de 31 de Agosto e Decreto-Lei n.º 249/99, de 7 de Julho

(Regime da fiscalização judicial das cláusulas contratuais gerais)

CAPÍTULO I

Disposições gerais

ARTIGO 1.º

Cláusulas contratuais gerais

1. As cláusulas contratuais gerais elaboradas sem prévia negociação individual, que proponentes ou destinatários indeterminados se limitem, respectivamente, a subscrever ou aceitar, regem-se pelo presente diploma.

2. O presente diploma aplica-se igualmente às cláusulas inseridas em contratos individualizados, mas cujo conteúdo previamente elaborado o destinatário não pode influenciar.

3. O ónus da prova de que uma cláusula contratual resultou de negociação prévia entre as partes recai sobre quem pretenda prevalecer-se do seu conteúdo.

ARTIGO 2.º

Forma, extensão, conteúdo e autoria

O artigo anterior abrange, salvo disposição em contrário, todas as cláusulas contratuais gerais, independentemente da forma da sua comunicação ao público, da extensão que assumam ou que venham a apresentar nos contratos a que se destinem, do conteúdo que as informe ou de terem sido elaboradas pelo proponente, pelo destinatário ou por terceiros.

Artigo 3.º
Excepções

O presente diploma não se aplica:

a) A cláusulas típicas aprovadas pelo legislador;
b) A cláusulas que resultem de tratados ou convenções internacionais vigentes em Portugal;
c) A contratos submetidos a normas de direito público;
d) A actos do direito da família ou do direito das sucessões;
e) A cláusulas de instrumentos de regulamentação colectiva de trabalho.

CAPÍTULO II
Inclusão de cláusulas contratuais gerais em contratos singulares

Artigo 4.º
Inclusão em contratos singulares

As cláusulas contratuais gerais inseridas em propostas de contratos singulares incluem-se nos mesmos, para todos os efeitos, pela aceitação, com observância do disposto neste capítulo.

Artigo 5.º
Comunicação

1. As cláusulas contratuais gerais devem ser comunicadas na íntegra aos aderentes que se limitem a subscrevê-las ou a aceitá-las.

2. A comunicação deve ser realizada de modo adequado e com a antecedência necessária para que, tendo em conta a importância do contrato e a extensão e complexidade das cláusulas, se torne possível o seu conhecimento completo e efectivo por quem use de comum diligência.

3. O ónus da prova da comunicação adequada e efectiva cabe ao contratante determinado que submeta a outrem as cláusulas contratuais gerais.

ARTIGO 6.º
Dever de informação

1. O contratante determinado que recorra a cláusulas contratuais gerais deve informar, de acordo com as circunstâncias, a outra parte dos aspectos nelas compreendidos cuja aclaração se justifique.

2. Devem ainda ser prestados todos os esclarecimentos razoáveis solicitados.

ARTIGO 7.º
Cláusulas prevalentes

As cláusulas especificamente acordadas prevalecem sobre quaisquer cláusulas contratuais gerais, mesmo quando constantes de formulários assinados pelas partes.

ARTIGO 8.º
Cláusulas excluídas dos contratos singulares

Consideram-se excluídas dos contratos singulares:

a) As cláusulas que não tenham sido comunicadas nos termos do artigo 5.º;

b) As cláusulas comunicadas com violação do dever de informação, de molde que não seja de esperar o seu conhecimento efectivo;

c) As cláusulas que, pelo contexto em que surjam, pela epígrafe que as precede ou pela sua apresentação gráfica, passem despercebidas a um contratante normal, colocado na posição do contratante real;

d) As cláusulas inseridas em formulários, depois da assinatura de algum dos contratantes.

ARTIGO 9.º
Subsistência dos contratos singulares

1. Nos casos previstos no artigo anterior os contratos singulares mantêm-se, vigorando na parte afectada as normas supletivas aplicáveis, com recurso, se necessário, às regras de integração dos negócios jurídicos.

2.   Os referidos contratos são, todavia, nulos quando, não obstante a utilização dos elementos indicados no número anterior, ocorra uma indeterminacão insuprível de aspectos essenciais ou um desequilíbrio nas prestações gravemente atentatório da boa-fé.

CAPÍTULO III

Interpretação e integração das cláusulas contratuais gerais

ARTIGO 10.°

Princípio geral

As cláusulas contratuais gerais são interpretadas e integradas de harmonia com as regras relativas à interpretação e integração dos negócios jurídicos, mas sempre dentro do contexto de cada contrato singular em que se incluam.

ARTIGO 11.°

Cláusulas ambíguas

1.   As cláusulas contratuais gerais ambíguas têm o sentido que lhes daria o contratante indeterminado normal que se limitasse a subscrevê-las ou a aceitá-las, quando colocado na posição de aderente real.

2.   Na dúvida, prevalece o sentido mais favorável ao aderente.

3.   O disposto no número anterior não se aplica no âmbito das acções inibitórias.

CAPÍTULO IV

Nulidade das cláusulas contratuais gerais

ARTIGO 12.°

Cláusulas proibidas

As cláusulas contratuais gerais proibidas por disposição deste diploma são nulas nos termos nele previstos.

Artigo 13.º
Subsistência dos contratos singulares

1. O aderente que subscreva ou aceite cláusulas contratuais gerais pode optar pela manutenção dos contratos singulares quando algumas dessas cláusulas sejam nulas.
2. A manutenção de tais contratos implica a vigência, na parte afectada, das normas supletivas aplicáveis, com recurso, se necessário, às regras de integração dos negócios jurídicos.

Artigo 14.º
Redução

Se a faculdade prevista no artigo anterior não for exercida ou, sendo-o, conduzir a um desequilíbrio de prestações gravemente atentatório da boa-fé, vigora o regime da redução dos negócios jurídicos.

CAPÍTULO V
Cláusulas contratuais gerais proibidas

SECÇÃO I
Disposições comuns por natureza

Artigo 15.º
Princípio geral

São proibidas as cláusulas contratuais gerais contrárias à boa-fé.

Artigo 16.º
Concretização

Na aplicação da norma anterior devem ponderar-se os valores fundamentais do direito, relevantes em face da situação considerada, e, especialmente:

a) A confiança suscitada, nas partes, pelo sentido global das cláusulas contratuais em causa, pelo processo de formação do contrato singular celebrado, pelo teor deste e ainda por quaisquer outros elementos atendíveis;

b) O objectivo que as partes visam atingir negocialmente, procurando-se a sua efectivação à luz do tipo de contrato utilizado.

SECÇÃO II
Relações entre empresários ou entidades equiparadas

ARTIGO 17.º
Âmbito das proibições

Nas relações com consumidores finais e, genericamente, em todas as não abrangidas pelo artigo 15.º aplicam-se as proibições da secção anterior e as constantes desta secção.

ARTIGO 18.º
Cláusulas absolutamente proibidas

São em absoluto proibidas, designadamente, as cláusulas contratuais gerais que:

a) Excluam ou limitem, de modo directo ou indirecto, a responsabilidade por danos causados à vida, à integridade moral ou física ou à saúde das pessoas;

b) Excluam ou limitem, de modo directo ou indirecto, a responsabilidade por danos patrimoniais extracontratuais, causados na esfera da contraparte ou de terceiros;

c) Excluam ou limitem, de modo directo ou indirecto, a responsabilidade por não cumprimento definitivo, mora ou cumprimento defeituoso, em caso de dolo ou de culpa grave;

d) Excluam ou limitem, de modo directo ou indirecto, a responsabilidade por actos de representantes ou auxiliares, em caso de dolo ou de culpa grave;

e) Confiram, de modo directo ou indirecto, quem as predisponha, a faculdade exclusiva de interpretar qualquer cláusula do contrato;

f) Excluam a excepção de não cumprimento do contrato ou a resolução por incumprimento;

g) Excluam ou limitem o direito de retenção;

h) Excluam a faculdade de compensação, quando admitida na lei;

i) Limitem, a qualquer titulo, a faculdade de consignação em depósito, nos casos e condições legalmente previstos;

j) Estabeleçam obrigações duradouras perpétuas ou cujo tempo de
vigência dependa, apenas, da vontade de quem as predisponha;

l) Consagrem, a favor de quem as predisponha, a possibilidade de
cessão da posição contratual, de transmissão de dívidas ou de
subcontratar, sem o acordo da contraparte, salvo se a identidade
do terceiro constar do contrato inicial.

ARTIGO 19.°

Cláusulas relativamente proibidas

São proibidas, consoante o quadro negocial padronizado, designadamente, as cláusulas contratuais gerais que:

a) Estabeleçam, a favor de quem as predisponha, prazos excessivos
para a aceitação ou rejeição de propostas;

b) Estabeleçam, a favor de quem as predisponha, prazos excessivos
para o cumprimento, sem mora, das obrigações assumidas;

c) Consagrem cláusulas penais desproporcionadas aos danos a ressarcir;

d) Imponham ficções de recepção, de aceitação ou de outras mani-
festações de vontade com base em factos para tal insuficientes;

e) Façam depender a garantia das qualidades da coisa cedida ou
dos serviços prestados, injustificadamente, do não recurso a terceiros;

f) Coloquem na disponibilidade de uma das partes a possibilidade de
denúncia, imediata ou com pré-aviso insuficiente, sem compensação adequada, do contrato quando este tenha exigido à contraparte investimentos ou outros dispêndios consideráveis;

g) Estabeleçam um foro competente que envolva graves inconvenientes para uma das partes, sem que os interesses da outra o
justifiquem;

h) Consagrem, a favor de quem as predisponha, a faculdade de modificar as prestações, sem compensação correspondente às alterações de valor verificadas;

i) Limitem, sem justificação, a faculdade de interpelar.

SECÇÃO III
Relações com consumidores finais

ARTIGO 20.º
Âmbito das proibições

Nas relações com consumidores finais e, genericamente, em todas as não abrangidas pelo artigo 17.º aplicam-se as proibições das secções anteriores e as constantes desta secção.

ARTIGO 21.º
Cláusulas absolutamente proibidas

São em absoluto proibidas, designadamente, as cláusulas contratuais gerais que:

a) Limitem ou de qualquer modo alterem obrigações assumidas, na contratação, directamente por quem as predisponha ou pelo seu representante;

b) Confiram, de modo directo ou indirecto, a quem as predisponha, a faculdade exclusiva de verificar e estabelecer a qualidade das coisas ou serviços fornecidos;

c) Permitam a não correspondência entre as prestações a efectuar e as indicações, especificações ou amostras feitas ou exibidas na contratação;

d) Excluam os deveres que recaem sobre o predisponente, em resultado de vícios da prestação ou indemnizações pecuniárias predeterminadas;

e) Atestem conhecimentos das partes relativos ao contrato quer em aspectos jurídicos quer em questões materiais;

f) Alterem as regras respeitantes à distribuição do risco;

g) Modifiquem os critérios de repartição do ónus da prova ou restrinjam a utilização de meios probatórios legalmente admitidos;

h) Excluam ou limitem de antemão a possibilidade de requerer tutela judicial para situações litigiosas que surjam entre os contratantes ou prevejam modalidades de arbitragem que não assegurem as garantias de procedimento estabelecidas na lei.

ARTIGO 22.º

Cláusulas relativamente proibidas

1. São proibidas, consoante o quadro negocial padronizado, designadamente, as cláusulas contratuais gerais que:

a) Prevejam prazos excessivos para a vigência do contrato ou para a sua denúncia;

b) Permitam, a quem as predisponha, denunciar livremente o contrato, sem pré-aviso adequado, ou resolvê-lo sem motivo justificativo, fundado na lei ou em convenção;

c) Atribuam a quem as predisponham o direito de alterar unilateralmente os termos do contrato, salvo se existir razão atendível que as partes tenham convencionado;

d) Estipulem a fixação do preço de bens na data da entrega, sem que se dê à contraparte o direito de resolver o contrato, se o preço final for excessivamente elevado em relação ao valor subjacente às negociações;

e) Permitam elevações de preços, em contratos de prestações sucessivas, dentro de prazos manifestamente curtos, ou, para além desse limite, elevações exageradas, sem prejuízo do que dispõe o artigo 437.º do Código Civil;

f) Impeçam a denúncia imediata do contrato quando as elevações dos preços a justifiquem;

g) Afastem, injustificadamente, as regras relativas ao cumprimento defeituoso ou aos prazos para denúncia dos vícios da prestação;

h) Imponham a renovação automática de contratos através do silêncio da contraparte, sempre que a data limite fixada para a manifestação de vontade contrária a essa renovação se encontre excessivamente distante do termo do contrato;

i) Confiram a uma das partes o direito de pôr termo a um contrato de duração indeterminada, sem pré-aviso razoável, excepto nos casos em que estejam presentes razões sérias capazes de justificar semelhante atitude;

j) Impeçam, injustificadamente, reparações ou fornecimentos por terceiros;

l) Imponham antecipações de cumprimento exageradas;

m) Estabeleçam garantias demasiado elevadas ou excessivamente onerosas em face do valor a assegurar;

n) Fixem locais, horários ou modos de cumprimento despropositados ou inconvenientes;

o) Exijam, para a prática de actos na vigência do contrato, formalidades que a lei não prevê ou vinculem as partes a comportamentos supérfluos, para o exercício dos seus direitos contratuais.

2. O disposto na alínea c) do número anterior não determina a proibição de cláusulas contratuais gerais que:

a) Concedam ao fornecedor de serviços financeiros o direito de alterar a taxa de juro ou o montante de quaisquer outros encargos aplicáveis, desde que correspondam a variações do mercado e sejam comunicadas de imediato, por escrito, à contraparte, podendo esta resolver o contrato com fundamento na mencionada alteração;

b) Atribuam a quem as predisponha o direito de alterar unilateralmente o conteúdo de um contrato de duração indeterminada, contanto que se preveja o dever de informar a contraparte com pré-aviso razoável e se lhe dê a faculdade de resolver o contrato.

3. As proibições constantes das alíneas c) e d) do n.º 1 não se aplicam:

a) Às transacções referentes a valores mobiliários ou a produtos e serviços cujo preço dependa da flutuação de taxas formadas no mercado financeiro;

b) Aos contratos de compra e venda de divisas, de cheques de viagem ou de vales postais internacionais expressos em divisas.

4. As alíneas c) e d) do n.º 1 não implicam a proibição de cláusulas de indexação, quando o seu emprego se mostre compatível com o tipo contratual onde se encontram inseridas e o mecanismo de variação do preço esteja explicitamente descrito.

ARTIGO 23.º
Direito aplicável

1. Independentemente da lei escolhida pelas partes para regular o contrato, as normas desta secção aplicam-se sempre que o mesmo apresente uma conexão estreita com o território português.

2. No caso de o contrato apresentar uma conexão estreita com o território de outro Estado membro da Comunidade Europeia aplicam-se as disposições correspondentes desse país na medida em que este determine a sua aplicação.

CAPÍTULO VI

Disposições processuais

ARTIGO 24.º
Declaração de nulidade

As nulidades previstas neste diploma são invocáveis nos termos gerais.

ARTIGO 25.º
Acção inibitória

As cláusulas contratuais gerais, elaboradas para utilização futura, quando contrariem o disposto nos artigos 15.º , 16.º , 18.º, 19.º, 21.º e 22.º podem ser proibidas por decisão judicial, independentemente da sua inclusão efectiva em contratos singulares.

Artigo 26.º
Legitimidade activa

1. A acção destinada a obter a condenação na abstenção do uso ou da recomendação de cláusulas contratuais gerais só pode ser intentada:

    a) Por associações de defesa do consumidor dotadas de representatividade, no âmbito previsto na legislação respectiva;

    b) Por associações sindicais, profissionais ou de interesses económicos legalmente constituídas, actuando no âmbito das suas atribuições;

    c) Pelo Ministério Público, oficiosamente, por indicação do provedor de Justiça ou quando entenda fundamentada a solicitação de qualquer interessado.

2. As entidades referidas no número anterior actuam no processo em nome próprio, embora façam valer um direito alheio pertencente, em conjunto, aos consumidores susceptíveis de virem a ser atingidos pelas cláusulas cuja proibição é solicitada.

Artigo 27.º
Legitimidade passiva

1. A acção referida no artigo anterior pode ser intentada:

    a) Contra quem, predispondo cláusulas contratuais gerais, proponha contratos que as incluam ou aceite propostas feitas nos seus termos;

    b) Contra quem, independentemente da sua predisposição e utilização em concreto, as recomende a terceiros.

2. A acção pode ser intentada, em conjunto, contra várias entidades que predisponham e utilizem ou recomendem as mesmas cláusulas contratuais gerais, ou cláusulas substancialmente idênticas, ainda que a coligação importe ofensa do disposto no artigo seguinte.

Artigo 28.º

Tribunal competente

Para a acção inibitória é competente o tribunal da comarca onde se localiza o centro da actividade principal do demandado ou, não se situando ele em território nacional, o da comarca da sua residência ou sede; se estas se localizarem no estrangeiro, será competente o tribunal do lugar em que as cláusulas contratuais gerais foram propostas ou recomendadas.

Artigo 29.º

Forma de processo e isenções

1. A acção de proibição de cláusulas contratuais gerais segue os termos do processo sumário de declaração e está isenta de custas.

2. O valor da acção excede 1$ ao fixado para a alçada da Relação.

Artigo 30.º

Parte decisória da sentença

1. A decisão que proíba as cláusulas contratuais gerais especificará o âmbito da proibição, designadamente através da referência concreta do seu teor e a indicação do tipo de contratos a que a proibição se reporta.

2. A pedido do autor, pode ainda o vencido ser condenado a dar publicidade à proibição, pelo modo e durante o tempo que o tribunal determine.

Artigo 31.º

Proibição provisória

1. Quando haja receio fundado de virem a ser incluídas em contratos singulares cláusulas gerais incompatíveis com o disposto no presente diploma, podem as entidades referidas no artigo 26.º requerer provisoriamente a sua proibição.

2. A proibição provisória segue, com as devidas adaptações, os termos fixados pela lei processual para os procedimentos cautelares não especificados.

Artigo 32.º
Consequências da proibição definitiva

1. As cláusulas contratuais gerais objecto de proibição definitiva por decisão transitada em julgado, ou outras cláusulas que se lhes equiparem. substancialmente, não podem ser incluídas em contratos que o demandado venha a celebrar, nem continuar a ser recomendadas.

2. Aquele que seja parte, juntamente com o demandado vencido na acção inibitória, em contratos onde se incluam cláusulas gerais proibidas, nos termos referidos no número anterior, pode invocar a todo o tempo, em seu benefício, a declaração incidental de nulidade contida na decisão inibitória.

3. A inobservância do preceituado no n.º 1 tem como consequência a aplicação do artigo 9.º.

Artigo 33.º
Sanção pecuniária compulsória

1. Se o demandado, vencido na acção inibitória, infringir a obrigação de se abster de utilizar ou de recomendar cláusulas contratuais gerais que foram objecto de proibição definitiva por decisão transitada em julgado, incorre numa sanção pecuniária compulsória que não pode ultrapassar o dobro do valor da alçada da Relação por cada infracção

2. A sanção prevista no número anterior é aplicada pelo tribunal que apreciar a causa em primeira instância, a requerimento de quem possa prevalecer-se da decisão proferida, devendo facultar-se ao infractor a oportunidade de ser previamente ouvido.

3. O montante da sanção pecuniária compulsória destina-se, em partes iguais, ao requerente e ao Estado.

Artigo 34.º
Comunicação das decisões judiciais para efeito de registo

Os tribunais devem remeter, no prazo de 30 dias, ao serviço previsto no artigo seguinte, cópia das decisões transitadas em julgado que, por aplicação dos princípios e das normas constantes do presente diploma, tenham proibido o uso ou a recomendação de cláusulas contratuais gerais ou declarem a nulidade de cláusulas inseridas em contratos singulares.

CAPÍTULO VII

Disposições finais e transitórias

ARTIGO 35.º

Serviço de registo

1. Mediante portaria do Ministério da Justiça, a publicar dentro dos seis meses subsequentes à entrada em vigor do presente diploma, será designado o serviço que fica incumbido de organizar e manter actualizado o registo das cláusulas contratuais abusivas que lhe sejam comunicadas, nos termos do artigo anterior.

2. O serviço referido no número precedente deve criar condições que facilitem o conhecimento das cláusulas consideradas abusivas por decisão judicial e prestar os esclarecimentos que lhe sejam solicitados dentro do âmbito das respectivas atribuições.

ARTIGO 36.º

Aplicação no tempo

O presente diploma aplica-se também às cláusulas contratuais gerais existentes à data da sua entrada em vigor, exceptuando-se, todavia, os contratos singulares já celebrados com base nelas.

ARTIGO 37.º

Direito ressalvado

Ficam ressalvadas todas as disposições legais que, em concreto, se mostrem mais favoráveis ao aderente que subscreva ou aceite propostas que contenham cláusulas contratuais gerais.

BIBLIOGRAFIA

EL MOKHTAR BEY, "De la Simbiotique dans le leasing et le crédit bail mobililiers", Dalloz, 1979.

PHILIPPE KARELLE, "Le leasing imobilier", Revue de la Faculté de Droit de Liége, n.º 4, 1996.

B. MÉRA, "Le leasing en France", Travaux de l' Association Internationale du Droit Commerciale et du Droit des Affaires, Sirey, 1967.

J. COILLOT, "Initiation au leasing ou crédit - bail", trad. espanhola, Mapfrè.

SERGE ROLIN, "Le leasing, nouvelle técchnique de financement" ,Gerard & Co., 1970.

DIOGO LEITE CAMPOS, "A Locação Financeira", Lex, 1994, e "Ensaio de Análise Tipológica do Contrato de Locação Financeira", Bol. Fac. de Direito Vol. XXIII.

ROBERTO RUOZI, "Il leasing", Giuffrè, Milão, 1967.

MANUEL AFONSO VAZ, "Direito Económico", 1934.

J. MELO FRANCO e HERLANDER MARTINS, "Dicionário de Conceitos e Princípios Jurídicos", Almedina, 1998.

ALBERTO LUÍS, "Direito Bancário".

ANTUNES VARELA "Código Civil Anotado" e "Das Obrigações em Geral".

GALVÃO TELES, "Manual dos Contratos em Geral" e "Contratos Civis".

ALMEIDA COSTA "Direito das Obrigações".

MOTA PINTO, "Teoria Geral do Direito Civil".

RAQUEL TAVARES DO REIS, "O Contrato de Locação Financeira no Direito Português: elemantos essenciais", com acesso em www.crb.ucp.pt

ANSELMO DE CASTRO, "Lições de Processo Civil".

JOEL T. RAMOS PEREIRA, "Prontuário de Formulários e Trâmites".

A. VARELA, J. M. BELEZA e SAMPAIO E NORA, "Manual do Processo Civil".

WALDIRIO BULGARELLI, "Contratos Mercantis", Atlas Editora.

RODOLFO MANCUSO, "Leasing", Editora Revista dos Tribunais.

ADRIANO BLATT, "Leasing, uma abordagem prática", Qualitymark.

ÍNDICE

I – Introdução	7
II – Perspectiva histórica	9
III – A locação financeira em Portugal	13
IV – A evolução internacional deste instituto	19
V – As Sociedades de Locação Financeira	23
VI – Noção de contrato de Locação Financeira – Leasing	27
A) As principais características do contrato de Locação Financeira..	30
1 – Qualificação jurídica	30
2 – As rendas	33
3 – A opção de compra	34
4 – O valor residual	36
5 – A cláusula penal no contrato de Locação Financeira	38
B) O contrato de Aluguer de Longa Duração – ALD	43
C) O contrato de aluguer operacional – Renting	46
D) O contrato de locação restitutiva – Lease Back	49
VII – A providência cautelar prevista no artigo 21.º do Decreto Lei n.º 149/95	55
VIII – Anexos	61
A) Minutas	61
B) Legislação	93
IX – Bibliografia	121